CATÉCHISME

DES

ÉLECTEURS.

IMPRIMERIE DE SELLIGUE,
Rue des Jeûneurs, n° 14.

Catéchisme Politique

A L'USAGE

DES ÉLECTEURS DE 1831.

Ceux qui sont bleus resteront bleus;
Ceux qui sont blancs se montreront blancs.

[illegible]ÉON.

PARIS.

LEVAVASSEUR; DELAUNAY, LIBRAIRES,

PALAIS-ROYAL;

DUMONT, Salon littéraire, Palais-Royal, n. 8?

JUIN 1831.

INTRODUCTION.

Il faut désespérer de la liberté et de l'indépendance d'un pays indifférent sur ses intérêts; il faut tout espérer du pays où la nation y veille avec sollicitude.

ODILON-BARROT.

En mettant ce petit Catéchisme entre les mains des électeurs de 1831, appelés à décider de l'avenir du pays, nous n'avons pas eu la prétention de leur désigner les hommes à qui ils doivent remettre les destinées de notre belle France; nous avons seulement cherché à leur faciliter les moyens de se bien pénétrer de leurs devoirs et de leurs droits, et à ne pas oublier que, s'il appartient au roi de nommer les pairs du royaume, les électeurs seuls ont le droit de nommer les députés; que leurs choix ne doivent et ne peuvent légalement être influencés par personne; enfin, que le seul guide de l'électeur est sa conscience.

Mais si nous nous abstenons de leur indiquer

les candidats que nous croyons les plus propres à assurer le bonheur, la gloire et l'indépendance nationale, nous ne pouvons nous dispenser de leur faire connaître les hommes que nous regardons comme la cause du malaise et du mécontentement que l'on aperçoit dans la nation depuis l'adoption du fatal système d'après lequel les ministres ont repoussé les patriotes, auteurs de cette révolution qu'on appelait naguère *glorieuse*, pour s'appuyer, eux et le gouvernement du roi, sur ceux des Français qui se sont toujours montrés les partisans de la légitimité par droit divin, en même temps qu'ils n'ont cessé de combattre la souveraineté du peuple. Ces Français, dont le rôle politique aurait dû être fini après la révolution de juillet, sont malheureusement ceux que le peuple, trop confiant, a laissé se placer au pouvoir, où ils se cramponnent de toutes leurs forces, jusqu'à ce qu'une nouvelle chambre, plus nationale et plus populaire que celle dont ils formaient l'inconcevable majorité, les en chasse, pour les faire rentrer dans l'obscurité où ils auraient dû s'ensevelir.

Mais si, par l'effet des terreurs paniques que les ennemis de la liberté sont parvenus à inspirer à quelques électeurs trop faciles à s'alarmer;

si les calomnies répandues sur tous les patriotes qui veulent les conséquences de la révolution et les institutions promises, et qui mettent avant tout l'indépendance, la gloire, la prospérité, le bonheur de la France; si ces *doctrinaires*, ces hommes du *juste milieu*, que nous avons long-temps flétris et ridiculisés sous leurs anciennes dénominations de *renégats* de la république, de *flatteurs* de l'empire, de *ventrus* de la restauration, pouvaient encore trouver quelques chances de réélection après les grandes journées de juillet; si, enfin, l'alliance que l'on verra s'établir entre les députés qui se seraient si facilement accommodés des Bourbons de la branche aînée, et les royalistes qui font des vœux pour leur retour; si cette alliance significative, disons-nous, n'ouvrait pas les yeux de tous les électeurs sur le danger qu'il y aurait à confier les destins de la France en d'autres mains qu'en celles des patriotes purs; alors nous répéterions à tous les Français appelés à former les colléges électoraux, ces paroles solennelles de notre poète populaire, Barthélemy :

Écoutez donc, marchands, rentiers, agriculteurs,
Hommes de tous les rangs! écoutez, électeurs!
La moitié d'entre vous va, d'une main novice,
Du sénat plébéien rebâtir l'édifice,

Mais pour cette œuvre immense, à la hâte surpris,
Gardez-vous d'employer des décombres pourris.
Que la gauche aux bancs purs soit votre clé de voûte;
Prenez pour point d'appui ces hommes hors de doute,
Ces patriotes forts éprouvés dès long-temps,
Lafayette et Dupont, civiques arcs-boutans.
Surtout, des vieux scrutins épurant la morale,
Repoussez à jamais de l'urne électorale,
Ces Lameth, ces Agier, ces Jars, ces Rambuteau,
Que le peuple a déjà frappés de son *veto*.
Aujourd'hui ma justice à peine les effleure;
Mais vienne le péril, vienne la suprême heure (*),
Après un examen quarante jours mûri,
Ils tomberont frappés par le peuple-jury;
Je dirai devant tous par quels indignes votes
Ils ont meurtri neuf mois leurs frères patriotes,
Et sauvant l'avenir des maux que nous souffrons,
De ces Caïns publics je marquerai les fronts.

(*) Les Elections. Le numéro de *Némésis* qui contient cette satire est du 24 avril.

CHAPITRE PREMIER.

Courte analyse des griefs de la nation contre la Chambre usurpatrice de 1830, et conclusion.

A peine le drapeau libérateur fut-il arboré sur le palais des rois, que les députés rendirent un hommage éclatant aux droits de l'homme, en proclamant la souveraineté du peuple. Ce principe était un garant que la liberté et l'égalité ne seraient plus d'abstraites et mensongères théories; toute entrave politique devait disparaître; c'est à ces conditions républicaines que le petit nombre des députés qui stipulèrent pour la nation, consentirent en son nom, et sans mandat spécial et suffisant, à relever le trône qu'elle venait de briser.

Ces conditions ont-elles été remplies?

Le premier acte de la Chambre fut un pas rétrograde; elle conserva la Charte de 1815 avec néanmoins quelques modifications; elle éleva ainsi autel contre autel, elle mit le droit divin en présence du droit du peuple; l'égalité demeura une chimère; la noblesse fut maintenue avec toutes ses prérogatives; la liberté des cultes resta ce qu'elle était; la presse ne fut point affranchie; le gouvernement garda le monopole de l'instruction publique; le droit si naturel de participer à la formation de la municipalité devint un privilége qui ne fut accordé qu'à ceux qui figurent honorablement sur le rôle des impositions. Le droit d'élire des députés fut réservé aux riches; l'opulent seul fut jugé avoir assez de capacité pour être député; on repoussa, avec une espèce de dédain, tout Français qui ne se recommandait que par ses vertus, ses talens, ses lumières, son patriotisme; la garde nationale elle-même reçut l'empreinte de ce caractère aristocratique, si particulièrement distinctif de la majorité de la Chambre : l'organisation par communes fut préférée à l'organisation cantonnale ou arrondissementale; on aima mieux l'esprit de localité que l'esprit national. Presque tous les travaux de cette Chambre ont été en sens inverse des promesses faites pendant que l'enthousiasme des victoires populaires durait encore.

La résistance, ou mieux la force rétrograde, s'est trouvée si puissante que la majorité (doctrinaires et légitimistes) n'a pas craint de publier que la couronne avait été décernée au duc d'Orléans comme y ayant des droits par la naissance ; puis elle a presque nié la révolution, et enfin lorsqu'un honorable député a proposé de déclarer, par une loi, la branche aînée des Bourbons expulsée à perpétuité du sol français, tant de répugnance pour cette loi a éclaté dans les deux Chambres, que cette loi est encore attendue et ne pourra être portée que par la prochaine législation. Ainsi Charles X n'a point cessé d'être citoyen français ; il peut, s'il paie le cens, se présenter à son collége électoral et donner son vote comme tous les autres électeurs ; il peut être élu député, et il irait s'asseoir insolemment parmi les mandataires du peuple.

Voilà comment les députés des départemens ont répondu à la confiance du pays ! Ils ont compromis les conséquences de la révolution ; ils ont rendu cette révolution presque incertaine. Le peuple aura versé son sang sans recueillir aucun fruit de sa victoire ; tous ses sacrifices n'auront abouti qu'à renverser un roi et couronner un prince ! Mais devait-on attendre mieux? Leurs actes ne devaient-ils pas être conformes à leur origine ; n'étaient-ils pas les élus du double vote ! Quoique leur majorité appartînt à l'opposition qui résistait à la marche du gouvernement de Charles X, qui pourrait avoir la bonhomie de croire que cette majorité fût populaire au point de désirer la révolution de juillet ? Qui doute qu'Henri V ne fût aujourd'hui sur le trône, si la stupeur n'avait éloigné dans les premiers jours la plus grande partie des députés ! Que l'on considère le nombre de ceux qui prononcèrent la déchéance, et l'on saura quelle est la pensée la plus intime de la Chambre.

Le peuple a-t-il donc eu tort de réclamer la dissolution ; pourrait-il laisser régler son avenir par des hommes qui n'étaient pas à lui, qui ne voulaient pas, qui ne pouvaient pas vouloir ratifier le principe et les conséquences de la révolution? Qu'on lui rouvre les colléges électoraux, c'est là qu'il va faire justice !

Le moment est solennel ; tous les peuples attendent avec une inquiétude extrême le résultat des élections : puissions-nous répondre à leur attente ! Chaque électeur doit interroger sa conscience ; il doit faire abnégation de toute considération étrangère au bien public; ce n'est pas l'affaire d'un seul qu'il traite, c'est l'affaire de tous; qu'il choisisse donc le plus digne. La paix publique repousse de la chambre nationale tout partisan de la dynastie déchue; il serait blâmable de s'y présenter, mais l'électeur qui lui aurait donné sa voix le serait plus encore. La représentation du pays ne doit être dévolue qu'à de vrais et purs patriotes, à des citoyens dévoués à l'indépendance de la nation, à la gloire et à la liberté du peuple. Il faut se méfier de ces ambitieux qui ne voient dans la députation qu'un moyen certain de parvenir aux emplois et aux dignités; on les reconnaît à leurs intrigues, à l'apologie qu'ils font ou font faire de leur mérite, à cette gracieuseté avec laquelle ils offrent leurs services : ceux-là ne sont d'aucun parti; ils appartiennent au plus offrant. On sent que les hommes de ce caractère doivent s'étudier à bien masquer leur jeu; il faut alors, pour éviter le piége, non-seulement scruter toute la vie politique de ces candidats, leur conduite avant, pendant et depuis la révolution, mais encore exiger d'eux des garanties pour l'avenir, telles que l'engagement de s'opposer au rétablissement de la pairie héréditaire, et de n'accepter du gouvernement ni emplois ni faveurs tout le temps que durera leur mission. Ces précautions sont nécessaires, surtout pour les candidats qui n'ont pas encore siégé à la chambre, et qui n'ont pu donner des preuves de leur désintéressement et de leur patriotisme.

C. M.

CONCLUSION A CE CHAPITRE.

La France a été généralement mécontente de la majorité de la chambre de 1830; c'est principalement à cette majorité qu'on doit attribuer le malaise général, dont les émeutes ont été la déplorable expression. Après neuf mois d'un pouvoir illégalement prolongé, cette chambre rentre enfin dans son *dernier linceul*, et les Français sont enfin appelés à réparer tant de déception, en procédant à la formation d'une nouvelle chambre, dont la grande majorité sera plus apte à comprendre notre glorieuse révolution, et à faire jouir la France des bienfaits qu'elle devait en attendre.

Electeurs anciens et nouveaux! Voulez-vous franchement régénérer la France? Donnez vos voix à des patriotes éprouvés, à des hommes nouveaux élevés dans de bons principes.

Voulez-vous recommencer les scandales de

la dernière session ; voulez-vous rendre possible une troisième *restauration* de la branche aînée des Bourbons? Votez pour les *doctrinaires*, pour les hommes du *juste milieu*, pour les pusillanimes partisans de *la paix à tout prix* : vous ne tarderez pas à les voir s'allier avec les carlistes avoués, avec ceux qui attendent Henri V, seul roi de France légitime à leurs yeux !

Il ne doit pas y avoir de *milieu* dans les élections. *Ceux qui sont bleus se montreront bleus, ceux qui sont blancs resteront blancs.*

CHAPITRE II.

Tablettes d'un ancien électeur, à l'usage des électeurs de 1831.

Un citoyen français qui, grâce à une petite maison dont il avait hérité d'une tante, a un petit champ que lui avait laissé son père, a une honnête industrie qu'il exerçait lui-même depuis plus d'un an, et enfin a six lustres bien comptés qui résultaient de son acte de naissance; un citoyen français, disons-nous, qui se trouvait ainsi électeur à *cent écus*, du temps de la Charte, qui ne fut pas une vérité, et de M. Decazes, qui ne fut ni un Lycurgue, ni un Solon, sentant sa conscience tiraillée tantôt par les circulaires ministérielles, qu'il lisait dans le *Moniteur*, tantôt par les commentaires patriotiques qu'il en trouvait le lendemain dans les journaux libéraux, quelquefois même par de certains articles éloquens qu'il apercevait dans le *Conservateur*, et se trouvant fort embarrassé de savoir dans quel sens il devait voter, conçut l'idée de recueillir sur des tablettes, *ad hoc*, tout ce qui, depuis 1815, avait été dit ou écrit de plus remarquable sur la liberté des élections, sur les colléges électoraux et sur les devoirs des électeurs; il destinait ces tablettes à ses amis et à ses enfans, auxquels il voulait éviter l'embarras où il s'était lui-même trouvé à chaque nouvelle élection.

C'est un extrait de ces *Tablettes d'un ancien électeur* que nous plaçons ici sous les yeux des électeurs de 1831. Nous en avons retranché les nombreux passages que l'électeur à cent écus avait puisés dans les discours et les écrits des députés patriotes, tels que Foy, Manuel, Benjamin Constant, Voyer d'Argenson, Dupont (de l'Eure), Girardin, etc., etc., parcequ'il ne s'agit pas ici de convaincre les électeurs dont les maximes politiques et les sentimens ont toujours été conformes à ceux de nos grands citoyens; ces électeurs n'ont pas besoin d'être éclairés pour voter en faveur des candidats nationaux. Nous n'avons donc laissé subsister que les opinions des orateurs et écrivains qui figuraient au premier rang du parti opposé, afin que les électeurs tièdes, ceux qui, faute de guide, seraient tombés dans le juste milieu, et les employés même, y trouvent toute tracée, par des hommes en qui ils avaient confiance, la conduite qu'ils doivent tenir aux prochaines élections. Nous n'avons pas eu la prétention de chercher à convertir aucun de ces hommes incorrigibles qui sont encore aujourd'hui ce qu'ils furent en 1789 et en 1815; nous espérons au contraire que, dans cette occurrence solennelle, *ceux qui sont bleus se montreront bleus, et que ceux qui sont blancs resteront blancs*; la France n'en connaîtra que mieux où sont ses amis et ses ennemis, et n'en sera que mieux à même de juger certaines alliances qu'un déplorable aveuglement pourrait amener dans les élections qui doivent décider de la liberté et du sort du pays.

TABLETTES D'UN ANCIEN ÉLECTEUR.

Du 31 août 1819.

Quel que soit le résultat des nouvelles élections, il aura une influence marquée sur le sort de la France. Si, par le plus grand des malheurs et la plus improbable fatalité, les élections étaient ministérielles, nous serions perdus. Le système qui nous ronge s'étendrait, notre décomposition s'opérerait plus lentement, mais plus sûrement : d'injustices en injustices, de fausses mesures en fausses mesures, de mauvaises lois en mauvaises lois, de **DESTITUTIONS** en **DESTITUTIONS**, nous arriverions *paisiblement* à une révolution inévitable.

Le vicomte DE CHATEAUBRIAND.
(*Conservateur*, t. IV, p. 492.)

Du 31 août 1819.

Que les *royalistes* (1) sentent donc bien leur position ; qu'ils sachent que la France, que l'Europe est attentive. Rien ne peut les dispenser de se rendre dans les colléges électoraux. Les plus riches doivent secourir ceux qui le sont le moins. Il ne faut craindre ni quelques jours de dérangement, ni quelques instans de malaise et de fatigue. Il faut venir plutôt à pied, coucher dans la rue, que de manquer aux élections. Les intérêts particuliers sont chers et respectables sans doute ; mais, pour qu'il y ait des intérêts particuliers, il faut qu'il y ait des intérêts généraux.

Le vicomte DE CHATEAUBRIAND.
(*Conserv.* t. IV, p. 493.)

Du 15 juillet 1819.

Il se trouve dans la réunion des électeurs, plus encore que dans toutes les autres assemblées, deux classes d'individus sans nuances déterminées. Ce sont les indifférens et les adorateurs du pouvoir. Les premiers veulent le bien ; mais, trop faciles à tromper, ils ar-

(1) C'était pour les royalistes que M. de Chateaubriand écrivait ce qui précède. Tout cela est devenu aujourd'hui applicable aux libéraux.

borent, souvent sans les examiner, des couleurs qu'ils réprouvent; les seconds les portent toutes, prêts à se parer de celles que la faveur du moment met le plus à la mode. Ces deux classes influent particulièrement sur le résultat des élections.

Que dire à ceux dont le pouvoir est l'idole? rien : on ne peut que les plaindre; on ne peut que gémir sur le sort de la patrie dont les intérêts sont sacrifiés à l'intérêt privé; mais les remontrances sont à-peu-près inutiles.

Les indifférens peuvent cesser de l'être, s'ils parviennent à se persuader que l'intérêt particulier, s'identifiant avec l'intérêt général, il ne leur est pas permis de rester neutres dans une cause d'où leur existence dépend. Comme ils sont de bonne foi, tout entreprendre pour les éclairer est un *devoir*.

Le marquis D'HERBOUVILLE.
(*Conserv.*, t. IV, p. 97 et 98.)

Du 23 novembre 1816.

Sans la liberté des élections, il n'y a plus de gouvernement représentatif, il n'y a plus de Charte.

Quel que soit le but qu'on se propose en se rendant maître des élections, est-il permis de violer les premières lois de l'état, pour atteindre à ce but? Sans doute, partout où il y a des élections, il y a cabales, intrigues, mouvemens d'opinions et de partis. C'est un mal qui sort de la chose, il est inévitable. Un gouvernement peut et doit exercer des *influences morales ;* mais un ministre doit-il exercer une puissance directe et coërcitive sur les élections ? Doit-il priver, par une mesure arbitraire, un citoyen de l'exercice de ses droits ? Est-ce avec des circulaires, des commissaires de police, des menaces aux autorités, des destitutions, des mutations de places, qu'il doit diriger les élections d'un grand peuple ?

Le vicomte DE CHATEAUBRIAND.
(*Proposition faite à la Chambre des pairs.*)

Du 10 avril 1820.

Méfions-nous de ces prétendus honnêtes gens qui, par amour de l'ordre, tolèrent tous les abus, par respect pour la liberté, votent en faveur de l'esclavage ; optimistes sous tous les ministres, quels que soient leurs systèmes, délibèrent sans entendre, regardent toute objection comme séditieuse, toute résistance comme coupable, n'ont d'énergie que pour l'obéissance, de passions que pour l'arbitraire ; pensent, parlent, agissent et se lèvent par ordre ; fonctionnaires, ou plutôt factionnaires qui obéissent à leur consigne au lieu d'obéir à leur conscience : ces hommes-là sont la perte des états.

(*Constitutionnel.*)

L'élection par la minorité est un mensonge. Là où

la minorité peut prévaloir c'est que l'élection n'est pas un droit, elle ne peut être qu'un abus, qu'un désordre. Les préfets conviendraient peut-être autant que des combinaisons laborieuses de colléges. Ce ne sont plus des députés qui siégent à la chambre, ce sont des notables. Il y a dans la seule corruption de l'élection par la minorité, un dédain si profond de l'humanité, qu'on n'en trouverait peut-être pas d'exemples.

ROYER COLLARD.
(*Discours* du 17 mai 1820.)

En vain veut-on remplacer l'esprit constitutionnel par l'esprit de priviléges ; cet esprit a été flétri par l'opinion, condamné par le bon sens, par la justice, par le vœu unanime de tous les peuples, On veut le rétablir, lui rendre successivement toute sa puissance, en lui confiant les élections. Il n'est rien qu'il ne puisse entreprendre. Exclusif par nature, il repoussera tout ce qui n'est pas placé dans le cercle étroit de son intérêt. Les corporations, les substitutions, les majorats reparaîtront sur le sol de la France... Ainsi nous aurions subi les malheurs irréparables d'une révolution, et l'on voudrait nous en arracher les bienfaits?

A. LAMETH.
(3 juin 1820.)

Avant de descendre de cette tribune je crois devoir adresser quelques mots à ces milliers d'électeurs qui nous ont secondés de tous leurs vœux pour le maintien de la loi des élections, à la France entière : on a comparé cette discussion à un combat. Eh bien! nous ferons notre devoir dans cette bataille des élections; et, comme ces braves morts aux champs d'honneur, nous dirons à nos commettans : Français, ceux que vous aviez chargés de l'insigne honneur de défendre vos droits ont fait tous leurs efforts. Ils ont combattu jusqu'au dernier instant. Nous pourrions bien succomber dans cette enceinte sous le nombre des votes, au-dehors sous les attentats des factions; mais nous ne nous rendrons pas tant que les intérêts nationaux mis sous notre sauve-garde ne seront pas à l'abri de tout danger.

CASIMIR PÉRIER.
(8 juin 1820.)

Séance du 27 mars 1824.

Messieurs, la question qui nous occupe n'est pas dans la validité de telles ou telles élections, elle est dans la masse et l'uniformité des faits qui, soit sous le rapport des influences illicites, soit sous celui des déni de justice, des altérations matérielles, attaquent la moralité et la légalité de toutes les élections. La clameur publique, appuyée de protestations qui ont été faites par presque tous les colléges électoraux, établit la prévention que, presque partout, le vote électoral a été comprimé ou anéanti. Cette prévention, il serait de l'intérêt des fonctionnaires, de l'honneur et de la dignité de cette Chambre, qu'elle fût détruite par une enquête solennelle. Je ne sais ce que la Chambre croira devoir ordonner; mais en attendant il est de notre devoir, il est de notre droit de faire nos réserves contre les élections actuelles (*on rit à droite*), pour qu'on ne puisse pas dire un jour que nous avons donné notre adhésion tacite au résultat des infractions consenties ou ordonnées par les ministres.

CASIMIR PÉRIER.

Séance du 27 mars 1824.

Je dirai que, par les moyens qu'on a employés contre les électeurs dont nous représentons les opinions, nous sommes devenus, par notre petit nombre, sans influence sur les questions qui vous sont soumises. Il ne reste plus qu'à inviter ceux qui peuvent encore quelque chose par leur position, leur caractère, à attaquer aujourd'hui de toutes leurs forces un système d'élection qui menace de détruire leurs droits et leur indépendauce, comme il vient de détruire les nôtres; car, d'après ce qui s'est passé, avec des fonctionnaires le ministère a fait des électeurs; avec des électeurs et des fonctionnaires il a fait des députés; avec des députés en grande partie fonctionnaires, il a fait des lois; avec des lois ainsi faites, et à l'aide de distinction de mots sur les articles de notre pacte fondamental, il renverse ce pacte de fond en comble.

CASIMIR PÉRIER.

Séance du 5 novembre 1824.

Electeurs qui vous plaignez de voir dans les administrations locales des hommes sous le pouvoir desquels vous ne trouvez pas la protection et le respect de vos droits, et moins encore cette sympathie qui doit unir tous les Français qui ont applaudi à la révolution de 1789, songez que, si cette fois vous ne votez pas avec indépendance, vous garderez long-temps encore vos administrateurs et vos employés.....

I.

NOTES CURIEUSES SUR LA CHAMBRE DE 1830.

Il résulte d'un relevé des votes des colléges électoraux, que 29 députés libéraux, nommés en vertu de la loi du 5 février 1817, ont réuni 39,452 voix, c'est-à-dire plus de 1,360 voix pour chaque député.

Tandis qu'un pareil nombre de députés du côté droit, dits ultra-royalistes, n'en ont obtenu, tous ensemble, que 3,442 ; c'est-à-dire un peu moins de 119 suffrages chacun.

Ces 29 députés *populaires* se composaient de 16 émigrés et de 13 membres de la chambre ardente de 1815, parmi lesquels on comptait 12 marquis à 94 voix chacun ; 13 comtes à 143 voix ; 1 vicomte à 161 voix, et 3 barons à 94 voix. Et ces députés osaient se dire les représentans de la nation française !

Il résulte encore *des Souvenirs des Électeurs*,

imprimés en 1820, une récapitulation curieuse des places, emplois et traitemens que recevaient 178 membres de la majorité ministérielle. Ces 178 *ventrus* coûtaient à l'État, en traitemens et accessoires, pensions et indemnités, l'énorme somme de *trois millions huit cent trente-huit mille francs*; tandis que la minorité libérale ne comptait dans ses rangs que 33 personnes recevant des traitemens, parmi lesquelles se trouvaient plusieurs lieutenans-généraux : néanmoins la minorité ne touchait du trésor que 352,500 fr. Il est facile de voir de quel côté était le désintéressement.

CHAPITRE III.

Définition des hommes du mouvement et des hommes de la résistance; application et conclusion.

On appelle *hommes du mouvement* ceux qui veulent que les principes du programme de l'Hôtel-de-Ville soient franchement adoptés par le gouvernement; que tout retour vers le système de la restauration soit impossible; que l'on marche loyalement dans les voies ouvertes par les barricades; que la liberté de la presse soit véritablement une *vérité*, c'est-à-dire, un droit que chaque citoyen puisse *réellement* exercer; que l'élection communale et politique soit étendue sur des bases larges, afin que le plus grand nombre de citoyens puisse y concourir, ainsi que cela fut promis à l'Hôtel-de-Ville; que le gouvernement soit un gouvernement *à bon marché*, ainsi qu'il fut encore promis, et non pas un gouvernement plus onéreux pour la France que celui de la restauration ; qui veulent enfin que la France reprenne le rang qu'elle occupait avant 1814, qu'elle soit imposante au dehors, heureuse et florissante au dedans ; que l'on améliore la condition du pauvre par un bon système d'instruction et par une égale répartition de l'impôt indirect que supporte presque en totalité la classe la moins riche ; enfin que tous les abus que nous ont légués les quinze années du despotisme impérial et les quinze autres années d'humiliation de la royauté selon le droit divin, soient réformés.

Conserver une partie des doctrines politiques de la restauration ; créer une liberté pour eux seuls ; constituer des priviléges, établir une aristocratie de fortune, n'accorder des droits politiques qu'au plus petit nombre ; mettre le plus d'entraves possibles à la liberté de la presse, au moyen des mesures préventives qui rendent illusoire l'exercice de cette liberté ; prendre la plus grande part au budget ; faire des économies sur les *petits*, et augmenter les dépenses profitables aux *grands* ; parler sans cesse de leur amour pour le peuple sans jamais rien faire pour lui ; affaiblir autant qu'il est en eux les conséquences de la révolution de juillet, afin de paralyser dans son essor le principe de la souveraineté nationale ; faire que la charte de 1830 ne soit pas plus une vérité que celle de 1814 ; enfin laisser la France dans le *statu quo* de la restauration, *à cette halte dans la boue*, en établissant une quasi-légitimité et en adoptant un prétendu *juste milieu* pour ne rien devoir accorder à la cause qui a triomphé sans eux et pour eux : voilà ce que veulent les *hommes de la résistance.*

(*Biographie des hommes du mouvement, etc.*)

ANECDOTE.

M. de Riccé, préfet du Loiret, avait, dans une circulaire relative à la fête du roi, commenté les paroles de M. Casimir Périer sur les associations patriotiques, et il avait ajouté cette singulière phrase : « Loin de » nous les novateurs, les hommes du mouvement ! »

Les nombreux gardes nationaux qui se font honneur d'être les hommes du mouvement, et qui, dans les circonstances difficiles, se sont montrés les premiers dans les rangs de la milice citoyenne, ont été choqués de cet ostracisme administratif dont M. le préfet les gratifiait.

Hier, à midi, M. le préfet, accompagné du maire d'Orléans, a réuni à l'Hôtel-de-Ville tous les officiers de la garde nationale.

Là, d'une voix émue, M. de Riccé a cru devoir rappeler qu'il avait voté la déchéance de Charles X avec

221 députés, et qu'il avait joué sa tête en juillet. «On m'a fait un crime, a-t-il ajouté, d'avoir inséré dans une circulaire une phrase où je répands du blâme sur les *hommes du mouvement*. Eh, Messieurs, comment les gardes nationaux peuvent-ils croire que j'aie voulu les désigner par ces mots : *loin de nous les hommes du mouvement* ! Notre ville est calme, aucune émeute n'est venue la troubler : il y a eu une fois du *mouvement* dans les faubourgs, la justice a prononcé sur le sort des coupables. Non, non, il n'existe pas parmi vous un seul homme du mouvement. »

A ces mots, M. Pillon, capitaine en second de la compagnie d'artillerie est sorti du cercle, et d'une voix ferme a répondu : « Il en est un, Monsieur, et c'est moi : mais je le comprends et le définis autrement que vous. Si vous entendez par mouvement des doctrines de sang ou la science des émeutes et la parodie de la liberté, c'est la marche du crime. Je saurai lui résister avec mes braves compagnons d'armes ; mais le *mouvement*, selon moi, c'est la tradition de juillet, c'est le ressort de la perfectibilité humaine, c'est l'acheminement au bien-être et à la véritable liberté : c'est la diretion d'une volonté ferme qui veut des institutions franchement libérales, qui le veut et qui les aura. Ne calomniez pas le mouvement ; nous lui devons beaucoup, nous lui devrons tout un jour ; je déclare que je suis prêt à le suivre au péril de ma vie, aux dommages de ma fortune ; suis-je seul de mon avis ? » A ces mots, tous les officiers fortement émus par cette énergique allocution, se sont écriés : «Et nous aussi nous sommes tous du mouvement, tous ! » — M. le préfet, comme on le pense bien, a été un peu déconcerté, et n'a pu que balbutier quelques excuses.

APPLICATION.

Du 5 *octobre* 1818.

Si l'on trouve quelque ouvrage qui prêche, sous un *gouvernement représentatif*, la nécessité de ne s'occuper de rien, de laisser faire, d'applaudir à tout, on sentira ce que cela veut dire. On ne se moquera pas de l'auteur, s'il est homme d'esprit et de talent; mais on rira du parti qui applaudit par de bonnes raisons.

On fera voir que l'homme sage qui ne se mêle pas des affaires d'Etat, qui trouve toujours la raison dans le succès, qui tient le ministre du jour pour Sully, et celui du lendemain pour Colbert; que le *modéré* dont la vie s'étend du bureau à l'antichambre, le matin à la police, et le soir à la sonnette, serait aussi un personnage assez plaisant sur la scène. *Encore un petit serment* ! est un mot très-gai que l'on n'a pas oublié. Vivent les gens qui sont entêtés pour le gouvernement de fait, qui ne sortent jamais du palais, quoi qu'il arrive, qui n'y voient jamais rien de changé, excepté le maître; et c'est peu de chose quand il a cessé d'être heureux.

LE V. DE CHATEAUBRIAND.
(*Conservateur, tome I, pag.* 41.)

Du 1er *octobre* 1819.

Quoi! mentir aux principes qu'on a soi-même avancés! violer le pacte, non pour l'améliorer, non pour introduire un changement salutaire, mais pour se perpétuer au pouvoir, précisément parce qu'on s'est montré incapable! Il me paraît impossible qu'un pareil projet trouve de l'appui dans les électeurs appelés à former une nouvelle chambre.

Le Conservateur.

Du 22 *octobre* 1818.

Une chose fait illusion: un Etat se soutient, il semble même prospérer au milieu des principes qui peuvent le perdre. On rit des prophètes; on attribue à la faiblesse de leurs cerveaux, aux intérêts de leurs passions, ce qu'ils disent dans la simplicité de leurs cœurs, dans l'amour de la patrie. On triomphe aujourd'hui. La France, s'écrie-t-on, est florissante et tranquille; les fonds montent. Si l'on eût suivi vos idées, serions-nous dans cet état de prospérité?

Que les parens et les serviteurs des ministres raisonnent ainsi, rien de plus juste. Les admirations de famille, et les affections de famille ne sont point défendues par la charte. C'est un bien léger dédommagement des soucis qui environnent un homme d'État. Mais quand on n'appartient ni au foyer ni à l'antichambre, on voit les choses autrement.

LE vicomte de CHATEAUBRIAND.
(*Conservateur*, *tom. I*, *pag*. 124 et 125.)

Séance du 25 *mars* 1819.

Il est temps, Messieurs, et plus que temps de prouver aux contribuables dont les regards souffrans sont arrêtés sur nous, que les formes sur lesquelles ils fondent la garantie de leurs intérêts ne sont pas un vain simulacre; que le système représentatif n'est pas uniquement institué pour faciliter les dépenses du gouvernement, mais pour les contrôler et les restreindre, et que la loi des finances de chaque année n'est point nécessairement un bill d'indemnité sur les violations du budget précédent, et un encouragement à ne pas respecter davantage le budget à venir.

CASIMIR-PÉRIER.

Séance du 21 *mai* 1819.

Messieurs, devons-nous perdre de vue que, s'il y a quelquefois des inconvéniens à contrarier la marche de l'administration, il y en a aussi, et de plus graves sans doute, à se livrer à ce continuel abandon de nos prérogatives, qui finirait par consacrer l'empiétement de l'autorité sur la puissance législative et l'établissement du pouvoir absolu dans notre gouvernement? Il n'y a plus rien à dire sur les principes; ils sont reconnus et proclamés; il faut, pour en assurer l'inviolabilité, avoir enfin la constante volonté d'en faire l'application; et ce n'est pas décrier le gouvernement que de la réclamer sans cesse; c'est à la fois servir et lui-même et la chose publique.

CASIMIR-PÉRIER.

Séance du 24 *septembre* 1819.

Les petits hommes d'état qui nous gouvernent aujourd'hui ont la prétention de travailler pour l'avenir.... Et ils ne sont pas de niveau avec les affaires du siècle!... Ils ne peuvent conduire les affaires parce qu'ils ne savent rien par eux mêmes, et qu'ils ne possèdent que le secret d'autrui. Tout leur instinct consiste à donner des chaînes, parce qu'ils en portent ; à inventer des conspirations pour multiplier les malheureux. Mais déjoués sans cesse par le gouvernement constitutionnel qu'ils n'entendent pas, leur ruse est aujourd'hui misérable, et leur arbitraire absurde.

CHATEAUBRIAND.

(*Conservateur*, t. IV, p. 613 et 614.)

Séance du 14 *avril* 1820.

Du moment que les ministres prononcent à cette tribune le mot magique de circonstances, il ne nous reste plus qu'à nous humilier en silence devant leur haute sagesse. Toute parole est une clameur importune, toute question un manque de respect au pouvoir ; mais heureusement le nouveau système n'a pas reçu son complément dans toutes ses parties.

CASIMIR-PÉRIER.

Dito.

Il semblerait que parce qu'un résultat cherché est obtenu, les ministres ne sont pas comptables des moyens employés pour y parvenir : telle est en effet la maxime qui les gouverne en finances comme en politique ; ils créent en finances des embarras, ils s'en tirent en accablant le peuple d'impôts; ils créent en politique des dangers; ils suppriment toutes nos libertés pour les faire cesser.

Se glorifieront-ils de leur ouvrage, s'ils font régner parmi nous la paix des tombeaux? Non, sans doute, ils n'y réussiront pas; mais tous les désordres qui vont naître des infractions commises au pacte, à qui les imputerons-nous, si ce n'est à eux? En serions nous les auteurs, parceque nous les aurions pressentis? Serions nous accusés d'être les ennemis du trône, parceque nous l'aurions averti des périls que ses ministres lui font courir? Cesserions nous d'être députés fidèles, parceque nous aurions le courage de dire la vérité à ceux qui punissent les hommes qui la préfèrent à leurs places?

CASIMIR PÉRIER.

Séance du 17 mai 1820.

L'amour est le véritable lien des sociétés; étudiez ce qui attire cette nation et ce qui la repousse, ce qui la rassure, ce qui l'inquiète, en un mot, relevez d'elle, soyez populaire; c'est depuis huit siècles le secret de l'aristocratie anglaise.

ROYER COLLARD.

Dans les hypothèses les plus exagérées, tout ce qui résulte du gouvernement représentatif maintenu dans son intégrité, c'est le besoin d'un ministère que la France avoue, et que la confiance publique, non moins que des talens supérieurs, élève au-dessus des dangers.

ROYER-COLLARD. *Disc.* du 17 mai 1820.

Depuis... les ministres n'ont cessé de s'écrier qu'il n'est plus possible de gouverner, on a entendu répéter ce cri d'alarme par tous les intéressés au milliard du budget, par les réputations qui, mal à propos sans doute, craignent l'épreuve électorale, et par les hommes qui pensent toujours comme le pouvoir, changent de principes suivant les circonstances. Pour vider la gauche, le ministère s'est appuyé sur la droite, et de là cette alliance dont les puissances ont le même but avec des espérances différentes. Chacune d'elle y rêve son profit : dans tout cela il n'y a d'oublié que la nation.

GUITARD. *Disc.* du 19 mai 1820.

Les partis sont injustes, ils se calomnient : il ne faut pas les croire : nous-mêmes nous les calomnions. Le plus grand mal c'est la peur qu'ils se font, c'est la peur qu'il font à tous. Nous sommes beaucoup trop faciles à nous décourager; effrayés des calamités que nous avons subies, nous n'osons plus rien regarder en face. Qu'on observe les partis, on voit que si, d'un côté, ils touchent aux passions, de l'autre ils sont intimement liés à la nation elle-même. C'est au gouvernement à les attirer, lui seul le peut, et il le peut s'il le veut; mais il lui faut de l'impartialié, une impartialité inflexible. Il lui faut de la franchise : au milieu de cette nation la franchise tient lieu de tout, elle peut plus que l'habileté la plus consommée.

Royer-Collard. *Disc.* du 17 mai 1820.

Il en est encore temps, hâtons-nous de rentrer dans les voies nationales, constitutionnelles, paisibles et bienveillantes. Nous avons tant d'intérêts publics et personnels à conserver, tant de douleurs communes à déplorer, tant de qualités privées à nous reconnaître lorsqu'elles ne seront pas dénaturées par l'esprit de parti! Nos contemporains sont las de révolutions, rassasiés de gloire, mais ils ne se laisseront pas ravir des droits et des intérêts chèrement acquis. Notre jeunesse, l'espoir de la patrie, mieux instruite que nous ne l'étions, éclairée de ses propres lumières et de notre expérience, ignore les factions, n'entend rien aux préjugés, n'est accessible qu'aux intentions pures et aux moyens généreux; mais elle veut la liberté avec, une ardeur raisonnée, et par là plus irrésistible. Que toutes ces générations soient laissées sous la sauvegarde de la liberté constitutionnelle, à leurs souvenirs, à leur industrie, à leurs études. Il est alors absurde de les craindre, impossible de les agiter; mais ne les obligez pas, en les menaçant de perdre tous les résultats utiles de la révolution, à ressaisir elle-même le faisceau sacré des principes d'éternelle vérité et de souveraine justice, principes applicables à tous les gouvernemens libres, et auprès desquels toutes les autres combinaisons personnelles ou politiques ne peuvent être, pour un peuple de bon sens, que des considérations secondaires.

Disc. de LAFAYETTE, 27 mai 1820.

J'aimerais mieux, pour sauver la France, un ministre trop franc qu'un ministre trop fin. Nous ne sommes plus les dupes de misérables tricheries : en politique le dernier écolier connaît toutes les finesses, toutes les ruses du jeu; on ne peut plus gagner les peuples que loyalement. Avec de la bonne foi, que de maux on pourrait prévenir, que de bien on pourrait faire, que d'or on pourrait ménager! La justice, le repos, l'ordre, le bonheur, l'économie, le soulagement des peuples, tout ce qu'il y a de grand, d'utile et d'heureux se trouve dans la bonne foi.

ETIENNE. *Constitutionnel*, du 29 mai 1820.

Les ministres seront accablés plus tôt qu'ils ne pensent sous la terrible responsabilité qu'ils ont prise. Ils ont remis en question le sort de leur pays; ils ont, pour leur intérêt privé, pour un intérêt qui n'obtiendra qu'un succès éphémère, sacrifié la liberté, le repos, la sûreté de la France: ils ont déchaîné 1815; ils seront après nous, mais moins glorieusement que nous, dévorés par 1815.

KÉRATRY, 3 juin 1820.

Notre conduite est la plus éclatante réponse que nous puissions faire à nos détracteurs; c'est le langage le plus assuré que nous puissions donner à nos collègues du centre, dont on cherche à égarer l'opinion sur notre compte, en leur persuadant que, parce que nous mettons plus de véhémence qu'eux à défendre les principes de la Charte, nous repoussons tout moyen d'union, et qu'il ne faut voir en nous que des ennemis du gouvernement du roi.

CASIMIR PÉRIER, 8 juin 1820.

Les hommes d'affaires.

Parmi les argumens que l'on fait valoir pour l'organisation d'une administration nouvelle, il en est un répété jusqu'à satiété : « Nous aurons au moins des hommes d'affaires, et le pays en a besoin. »

Admettons un moment cette sentence doctrinaire, supposons que la science des affaires repose exclusivement dans les autres, qu'il suffit d'être patriote pour n'y rien entendre, que conclure ?

Une révolution est le triomphe d'un principe, il faut donc, avant, que ce principe se consolide. Il n'y a pas d'affaires possibles jusques là, car qui voudrait, qui pourrait se hasarder, dans la transition orageuse d'un principe à un autre?

Il faut donc, avant toute chose, avant de s'inquiéter d'affaires, que la révolution se consolide, que les institutions soient fondées. Or, quels hommes sont nécessaires pour cela? Évidemment les organes sincères de la révolution elle-même.

Vous aurez beau chercher à rétablir les affaires, à engager les transactions privées, jamais sécurité ne pourra s'établir, car le principe lui-même du gouvernement est mis en question. Prenez les hommes que vous voudrez, les plus capables du haut en bas de l'échelle des centres, vous aurez toujours le même résultat, l'impossibilité de fonder la sécurité des intérêts.

Arrivez donc franchement aux hommes à principes, parce que seuls ils pouvent mettre un terme à l'agitation des esprits, parce que seuls ils consolideront le grand fait de la révolution. Alors vous verrez les affaires renaître, parce qu'il y aura confiance en la forme et en la durée du gouvernement.

Jusques-là vous essaieriez en vain de calmer ce qui s'agite par la nature même des choses; vous tournerez toujours dans le même cercle: suivez d'abord les principes, et les affaires viendront après toutes seules.

CONCLUSION. — *Juin* 1831.

Les hommes de bonne foi, les véritables amis de l'indépendance du pays et de la dignité nationale peuvent maintenant choisir entre les deux partis : l'un, composé en grande partie d'hommes usés par vingt gouvernemens, démoralisés par vingt sermens, d'intrigans qui se sont prostitués à tous les pouvoirs, prosternés devant toutes les fortunes, d'aristocrates voulant tous les priviléges, parce qu'ils vivent de priviléges, voulant tous les monopoles, parce qu'ils profitent de tous les monopoles, de *trembleurs* qui ne voient dans la France, payant moins de 200 fr. de contributions, que des anarchistes et des sans-culottes, compte parmi ses chefs les Talleyrand, les Guizot, les Louis, les Decazes, les Pasquier, les Dupin et les Broglie. L'autre, qui inscrit sur son drapeau : *liberté*, *égalité*, *indépendance nationale*, voit briller dans ses rangs des hommes purs, attachés sincèrement aux principes politiques qu'ils n'ont jamais trahis ; des *ambitieux* animés des seuls intérêts du pays, qui ont sacrifié les faveurs du pouvoir à l'indépendance de leurs opinions : cette phalange patriotique montre à sa tête les Lafayette, les Dupont, les Tracy, les Lamarque, les Salverte, les Barrot, et tant d'autres citoyens qui peuvent dire sans crainte: « Nous avons pour nous le nombre, les vertus, » les lumières et les talens. »

(*Biographie des hommes du mouvement et des hommes de la résistance.*)

Note. La satire sur les Élections que nous publions dans ce Catéchisme, fait partie de cet étonnant et admirable journal hebdomaire que publie, depuis quelques mois, notre jeune poète populaire, A. Barthélemy, sous le titre de *Némésis*, et dont il parait exactement tous les Dimanches une livraison.

CHAPITRE IV.

NÉMÉSIS.

SATIRE HEBDOMADAIRE,

PAR BARTHÉLEMY.

Les Élections.

Sur des tréteaux publics, pour son œuvre future,
Le pouvoir baladin a joué l'ouverture;
Il a fait voltiger sous des masques hideux
La sainte république et Napoléon deux,
Sinistres mannequins que dans les grandes crises
L'auditoire béant voit descendre des frises.
Aujourd'hui l'heure sonne au timbre électoral;
Le chef du ministère, habile général,
Pour la grande bataille élève ses redoutes:
Les préfets vagabonds courant les grandes routes
Du Finistère au Var fatiguent les relais:
Talleyrand est parti pour défendre Calais,

Dumolard s'installant sur le mont de Fourvières,
Convertit à Dupin la ville aux deux rivières ; *
Bernard dans le repos est allé s'endormir ;
Le noble Larréguy, suspect à Casimir,
Va noyer sa ferveur dans la molle Charente ;
Le sous-préfet, gagiste à mille écus de rente,
A sa petite cour faisant un brusque adieu,
Son *Moniteur* en main, s'intronise au chef-lieu.
Pour obtenir des voix qu'un ministre mendie,
Ses commis-voyageurs prêchent en Normandie ;
Jubilé politique où sur des cœurs de choix
D'Argout plante avec fruit de scandaleuses croix.
De la Durance au Var, dans chaque bonne ville,
On montre aux électeurs le prince de Joinville,
Et la ville sans nom, prête à nommer Tardieu,
Du drapeau tricolore a baisé le milieu ;
Hélas! ce n'est pas tout : Foudras entrant en lice,
Ouvre tous les chenils de l'errante police.
Pareil au cantinier, qui le jour du combat,
Du sulphureux rogomme enivre le soldat,
Le ministre, à longs flots, verse la circulaire ;
Partout le télégraphe, obscur vocabulaire,
Aux préfets attentifs apportant un sens clair,
Comme un serpent coupé, se tortille dans l'air.
Ainsi, de l'urne vierge infectant les prémices,
L'intrigue déhontée aborde nos Comices ;

(*) MM. Talleyrand et Dumolard, nouveaux préfets du Pas-de-Calais et du Rhône.

Elle confie encore à de bas courtisans,
Ces ressorts de scandale usés depuis quinze ans.
Eh bien ! accourez tous, Électeurs patriotes,
Citoyens prélevés sur un peuple d'îlotes ;
Pour soutenir vos droits chèrement escomptés,
Cimentez en un bloc vos fortes volontés ;
Que la France à genoux, dont le cri vous réclame,
Ne trouve dans vos rangs qu'une voix et qu'une âme ;
Venez, vous dont les bras saintement enlacés,
Après quinze ans d'efforts ne se sont point lassés ;
Vous, que la France en deuil abritait de son aîle ;
Qui, dans l'âge de fer inventé par Villèle,
Sur l'arêne publique avez tant combattu :
Et vous qui, jeunes d'âge et vieillards de vertu,
Affranchis aujourd'hui de l'enfance stérile,
Paraissez au forum sous la robe virile ;
Nous vous adjurons tous, car sur vos bulletins
La France avec terreur va lire ses destins :
Répondez noblement à ce haut privilège ;
Il ne faut plus ici dans les murs d'un collége,
Donner, comme autrefois, un déplaisir mortel
Aux blêmes défenseurs du trône et de l'autel,
Enfans répudiés par la France leur mère,
Qui d'un royal Messie embrassent la chimère,
Et des soldats du nord invoquent le retour,
Comme la fille impure au coin du carrefour.
Laissez même vieillir ces débris d'un autre âge,
Que ces rares nageurs sauvés du grand naufrage,
Apparaissent au loin flottans à l'abandon ;
Que nous font les Berryer et les Blin-de-Bourdon ?

Laissez au chêne vert les feuilles parasites,
Pour mes épiques chants conservez des Thersites.
Là n'est point le péril : sur leurs frêles pivots
Souffrez dans vos jardins ces têtes de pavots ;
Sur un autre terrain cherchez vos adversaires ;
Nous sommes dans le mois des grands anniversaires,
Voici le trente-un mai ! que tous les baladins
Saltimbanques de Cour, masqués en Girondins,
Gorgés par *Némésis* d'un calice d'absinthe,
Soient chassés comme impurs de la tribune sainte,
Eux qui, foulant aux pieds de poignans repentirs,
Ont trafiqué neuf mois du sang de nos martyrs ;
Qui la nuit sont venus avec leur valetaille
Déshabiller nos morts sur le champ de bataille ;
Eux qui, devant l'orgueil des menaçantes Cours
Ont fait agenouiller le peuple des trois jours ;
Eux qui, pour assouvir des appétits voraces,
Tournent vers le pouvoir leurs judaïques faces,
Et du large budget voté contre nos vœux,
Inondent, à flots d'or, leurs fils et leurs neveux.
Voilà vos ennemis ! Et malgré tant d'outrages,
Vous allez les revoir harcelant vos suffrages,
Un vernis libéral enlumine leur front ;
Pour défendre leur cause, à la barre ils viendront
Dérouler sous les yeux des électeurs novices
De longues trahisons comme autant de services.
Ils osent provoquer l'examen rigoureux ;
L'heure de la justice a donc sonné sur eux ;
Les voilà sous le sceau d'une tache infamante,
Devant le tribunal du peuple Rhadamante,

Tous, depuis ce Dupin qui de honte chargé
Par les dos fraternels se sentit allégé,
Jusqu'à ce vieux Lameth, éternel Jérémie,
Dont l'urne de Pontoise a gardé la momie;
Eh bien! ces renégats, héritiers des Trois Cents,
Souillés au fond du cœur de parjures récens,
De l'effronté Guizot renouvelant l'histoire,
Sortiront criminels de l'interrogatoire.

Il est des hommes purs que l'enivrant pouvoir
Sous sa baguette d'or n'a jamais fait mouvoir,
Et qui n'ont pas besoin, pour défendre leur vie,
D'extraire leurs vertus d'une biographie:
Vous les connaissez tous; si pourtant quelquefois
Des candidats douteux sollicitent vos voix,
Écoutez les conseils des feuilles populaires,
Qu'elles soient, dans la nuit, vos étoiles polaires,
Les astres lumineux levés sur vos chemins
Pour éclairer vos pas et conduire vos mains.
Mais, rejetez bien loin ces noms que vous indique
La feuille de Bertin, courtisanne impudique,
Qui, livrant ses faveurs aux hommes les plus bas,
Publie effrontément ses ignobles *Débats*.
Quelle main pure, hormis la main du ministère,
Ose, depuis neuf mois, toucher cette adultère?
Aux fangeux carrefours de la grande cité,
Trente ans elle a vendu son impudicité;
Déflorée en naissant, elle conserve encore
Les ulcères lépreux des abbés de Gomorre;

Dans son cloaque ouvert on apprend à quel taux
S'achètent, dans Paris, les péchés capitaux;
Vous savez que le jour où tomba notre Charte,
Au visa de Mangin elle soumit sa carte;
Qu'aux heures de juillet, quand gronda le canon,
Elle eut soin d'enfouir la honte de son nom;
Mais, l'incendie éteint, on la vit reparaître
Cousant les trois couleurs à sa robe de prêtre,
Et vers le nouveau roi, sur nos débris fumans
Traîner à la faveur tous ses hideux amans.
C'est juste, la voilà sultane favorite;
Le pouvoir a payé sa luxure hypocrite;
Imfâme entreteneur, il compte à cet objet
Cent mille écus par mois qu'il rapine au budget.
Et des mots de vertu sortent de cette bouche!
Feuille infecte! malheur à quiconque la touche!
L'avez-vous effleurée? allumez des réchauds,
Semez à pleine mains le chlorure de chaux;
Trempez-vous tout entiers dans des parfums acides;
O crime! on voit partout ses pages homicides!
Même au sein de Paris souillé de son poison
La peste patentée habite une maison!
Mais la main qui peut tout, trop long-temps endormie,
Fermera bien un jour cet antre d'infamie;
Ses murs ne sont pas loin de Germain-l'Auxerrois,
Et le vent de juillet doit souffler dans deux mois.
Oh! qu'ils soient à jamais flétris dans tout Collége,
Les hommes qu'exalta la feuille sacrilége!
Que notre urne se ferme à leurs noms supplians;
Un patronage impur condamne ses cliens.

Vous donc qui de la France allez fixer l'histoire,
Électeurs parsemés sur tout le territoire,
Montagnards du Jura, Lorrains, Bretons, Normands;
Laboureurs qui peuplez la Saône aux flots dormans;
Marins aventureux du golfe de Bayonne,
Fils de l'Occitanie où le soleil rayonne;
Peuples qui descendez soit des sommets alpins,
Soit des côteaux du Var tout couronnés de pins,
Soit de tant de cités dont les murailles fières
Se baignent dans les eaux de nos mille rivières,
Écoutez : l'homme pur, digne de votre choix,
Contemple insoucieux les honneurs et les croix;
Sa main, qui vint jurer le pacte populaire;
Du tentateur royal repousse tout salaire,
Se ferme à la faveur, et jamais en chemin
D'un ministre passant ne va presser la main.
Aucun don clandestin n'émeut sa conscience,
A la tribune seule il demande audience;
Digne du rang suprême où le peuple l'a mis,
Il fait tout pour la France et rien pour ses amis;
Le loyal député vote sans commentaire,
Ou bien, quand le devoir lui défend de se taire,
Sa limpide parole est un trait lumineux;
Il n'imite jamais ces pédans caverneux
Qui, pour se conserver une sorte de culte,
Font de la politique une science occulte;
Si l'étranger nous jette un cartel arrogant,
A toute heure il est prêt à relever le gant.
Il brillera toujours sur la sainte colline
Où siègent les tuteurs de la France orpheline,

Et ne croupira point dans cet infâme égoût
Qui va se dégorger sous les pieds de d'Argout.
Voilà le vrai tribun, fort de cœur et de tête,
Le Gracchus qui peut seul haranguer la tempête,
Si jamais de l'État menaçant le destin
Le peuple s'insurgeait sur le Mont-Aventin.
Songez bien que les noms, espoir de la patrie,
Ne sont point des hochets qu'on joue en loterie;
Examinez à nu ces athlètes nouveaux
Qui vous offrent leurs bras pour de si durs travaux:
Que le peuple électeur expulse de l'arêne
Quiconque méconnaît sa grandeur souveraine;
Qu'il songe désormais en méditant son choix
Que les élus d'un jour pour cinq ans seront rois;
Cinq ans! c'est pour le peuple un siècle politique!
Écoutez donc l'arrêt de mon vers prophétique!
Malheur aux citoyens qui, tant de fois trahis,
A de coupables mains livreraient le pays!
S'il faut que des Judas le règne s'accomplisse,
Déchirons notre robe et prenons le cilice;
Si l'urne du scrutin nous rejette en détail
De tant de noms maudits le long épouvantail,
Dans cette urne de deuil, tombe de l'espérance,
Il faudra déposer les cendres de la France.

CHAPITRE V.

DES PEUREUX ET DES TRAITRES.

Il paraît, par Tacite, que les Germains ne connaissaient que deux crimes capitaux. Ils pendaient les traîtres et noyaient les poltrons.

Montesquieu, Esp. des Lois l. XXX.

C'est de quoy j'ai le plus de peur que la peur.

Montaigne, l. Ier, c. VII.

Philippe aimait la trahison, mais il haïssait les traîtres.

Plut.

La révolution de 1830 a été la pierre de touche pour bien des hommes politiques dont la réputation usurpée n'a pu subir cette grande épreuve. Elle a surtout servi à bien analyser les parties diverses dont se composait l'opposition, formée des *deux-cent-vingt-un*, et à classer chacune de ces parties hétérogènes. C'est ainsi que l'on a reconnu que, parmi les hommes d'état, les députés et les écrivains de cette opposition, il n'y en avait qu'un nombre bien déterminé de véritablement libéraux. Mais ce petit nombre de patriotes purs furent toujours, et sont encore aujourd'hui, ce qu'ils se montrèrent avant, pendant et après notre révolution. Le peuple les connaît bien ; il ne les a jamais confondus avec les hommes des autres nuances qui avaient osé aller s'asseoir à côté d'eux ; aussi les noms de ces constans défenseurs des libertés publiques sont-ils restés populaires, malgré quelques erreurs que l'on ne peut attribuer qu'à leur excessive loyauté et à leur imprudente confiance.

Il n'a pas fallu un grand discernement, après la grande semaine, pour distinguer ceux, parmi les fameux *deux-cent-vingt-un*, qui furent fâchés, au fond du cœur, que MM. d'Argout et Sémonville n'eussent pas réussi, le 29 juillet, dans leur message conciliateur à Saint-Cloud : ces *honorables* eussent été enchantés de sauver du grand naufrage la branche aînée, et la légitimité par droit divin, objets de leurs constantes affections. Ne pouvant plus avoir ni Charles X, ni le Dauphin, ils sont restés en attente de Henri V.

D'autres honorables n'ont que trop montré, pendant la dernière session, que, s'ils avaient fait entendre quelques paroles en faveur de la liberté, depuis qu'ils s'étaient lancés dans l'opposition nationale, ils ne voulaient néanmoins accorder qu'une bien faible dose de liberté aux Français avides, et n'étaient pas aptes à s'élever jusqu'à la *souveraineté du peuple*. Ces doctrinaires en sont restés au même point, depuis dix mois que cette souveraineté a été si solennellement proclamée.

Néanmoins, on ne peut dire qu'il y ait eu précisément des traîtres dans ces deux grandes cathégories, qui ont servi à former la déplorable majorité de la Chambre usurpatrice : ces pairs, ces députés, ces journalistes, ces professeurs, tombés aujourd'hui dans le *juste milieu*, peuvent nous dire · « De quoi vous » plaignez-vous? Nous avons toujours été ce » que vous nous reprochez d'être aujourd'hui : » Vous nous avez vus constamment adorer la » légitimité, détester la souveraineté du peu» ple, et ne plaider contre les ministres de » Louis XVIII et de Charles X que pour ob-

» tenir un semblant de liberté, tel qu'il était » octroyé par la charte royale. C'est votre » faute à vous, libéraux confians, si vous avez » cru que nous possédions vos principes, votre » inflexibilité et votre patriotisme. N'auriez-» vous pas dû vous apercevoir que nous n'étions » pas très-forts sur les principes? que nous sa-» vions nous montrer flexibles à la moindre » petite concession? et que notre patriotisme, à » nous, ressemblait assez à de l'égoïsme? »

Ces gens-là auraient raison de nous parler ainsi, et nous ne pourrions tout au plus nous venger de leur défection présumée, qu'en leur disant : *Vous êtes des misérables* !

Que pourrions-nous reprocher ensuite à ceux qui, après avoir applaudi quelquefois aux paroles énergiques et pleines de dignité des vrais patriotes, allaient se cacher quand ils croyaient apercevoir l'ombre du moindre danger, et se montraient alors les plus pusillanimes des hommes?

« Je ne suis pas bon naturaliste (qu'ils disent) » et ne sçay guère par quels ressorts la peur agi » sur nous, a dit notre Montaigne; mais tant » y a que c'est une étrange passion que la peur : » et, disent les médecins, qu'il n'en est aucune » qui emporte plustôt nostre jugement hors de

» sa deüe assiette. De vray, j'ai veu beaucoup » de gens devenus insensez de peur, et au plus » rassis il est certain, pendant que son accès » dure, qu'elle engendre de terribles éblouis- » semens. »

Et il ajoute, dans le même chapitre *De la peur* : « Ceux qui sont en pressante crainte de » perdre leur bien, d'estre exilez, d'estre sub- » juguez, vivent en continuelle angoisse, en » perdent le boire, le manger et le repos. »

Comment avons-nous pu ne pas reconnaître nos peureux à ces traits si caractéristiques, et comment avons-nous pu croire que des fanfarons seraient des hommes de cœur, quand il faudrait montrer du cœur? N'est-ce pas encore notre faute, à nous, chaleureux patriotes, si nous avons supposé que des âmes pétries de limon et de glace, pouvaient renfermer quelques étincelles du feu sacré?

Ainsi, ni les partisans de la légitimité, ni les doctrinaires, ni les peureux n'ont réellement pas trahi la cause des vrais patriotes, car ils ne l'ont jamais embrassée sincèrement, et leur défection, à la première crise qui arriverait, il fallait la prévoir comme un bien petit malheur tout naturel. Nous nous étions plûs à nous faire illusion sur leurs sentimens ; la pierre de touche de la révolution devait l'effacer. Maintenant, n'oublions plus que le temps des illusions est passé.

Mais, si la France n'a rien à reprocher, depuis la révolution, à tous ces hommes *pourris* dès longues années, si elle ne peut pas les flétrir du nom des traîtres, combien n'a-t-elle pas le droit de haïr, de montrer au doigt, de stigmatiser ceux de nos hommes d'état et écrivains qui, après avoir acquis de la popularité en plaidant incessamment, pendant les quinze années passées sous le joug humiliant des Bourbons et des traités de 1814 et 1815, la cause des peuples et des libertés publiques, ainsi que celle de la dignité, de la gloire et de l'indépendance nationale, se sont tout-à-coup fait une arme perfide de cette popularité, et l'ont tournée contre ces vérités qui avaient donné à leur voix et à leurs écrits une puissance qu'ils n'auraient jamais eue, sans le prestige dont ces traîtres se sont environnés si long-temps?

Ceux-ci sont les seuls hommes de la véritable défection, les seuls déserteurs, avec armes et bagages, de la cause sacrée qui les avait grandis; les seuls criminels de lèze-liberté, de lèze-nation; les seuls vrais traîtres. Cent fois plus coupables que le maître d'école de Falisques;

qui, abusant de l'autorité qu'on lui avait donnée, livra au général romain la jeunesse qu'il était chargé d'instruire par ses leçons et son exemple, ces traîtres de nos jours ne devraient-ils pas trouver partout un Camille qui les fît dépouiller et battre à coups de verges?

Traîtres de 1830, mon bras n'est pas assez fort pour vous châtier; je ne vous nommerai donc pas ici, cela n'est pas nécessaire pour que vous vous reconnaissiez; mais *Némésis* vous appellera bientôt à ses publiques assises. Là, en proie à vos remords déchirans, et pendant que la vengeance divine agitera ses serpens sur vos têtes maudites, vous vous convaincrez, en présence de ce peuple héroïque et confiant que vous avez si lâchement trahi, et dont vous cherchez encore à corrompre l'esprit et le cœur; là, dis-je, vous vous convaincrez que le meurtrier n'inspire pas plus d'horreur que le traître; et que, de toutes les trahisons, la plus noire est celle dont vous êtes accusés et convaincus. Là, vous entendrez encore, pour augmenter votre juste supplice, un nouveau Démosthène, vous forcer d'écouter ce que ce grand ennemi des traîtres disait à Eschine et à ses complices.

« La contagion était générale dans les villes

» de la Grèce, ceux qui gouvernaient se laissaient » corrompre par des présens, et la multitude » s'abandonnait à eux, ou par aveuglement sur » l'avenir, ou par cette faiblesse qui est la suite » d'une longue indolence. Chacun croyait que » le malheur n'irait pas jusqu'à lui, ou comptait » s'élever sur les ruines des autres ; et c'est ainsi » que l'imprudente sécurité des peuples leur a » fait perdre la liberté, et que les magistrats » qui croyaient livrer tout à Philippe, excepté » eux-mêmes, se sont aperçus trop tard qu'ils » s'étaient donnés aussi. Ce ne sont plus des » *amis* et des *hôtes* comme on les appelait dans » le temps qu'il fallait les séduire. Les choses » ont à présent leur vrai nom, et ce sont de vils » flatteurs détestés des hommes et des dieux, » car il ne faut pas s'y tromper, on ne donne » point d'argent pour enrichir un traître, et » quand on a obtenu ce qu'on voulait, il n'est » plus même consulté. Sans cela les traîtres » seraient trop heureux, mais non, il n'en est » pas ainsi ; et comment cela pourrait-il être? » quand celui qui voulait régner est devenu le » maître, il l'est de ceux-mêmes qui lui ont » vendu les autres. Rappelez-vous ce que vous » avez vu et ce que vous voyez aujourd'hui. » Lasthène a été l'ami de Philippe jusqu'au

» moment où il lui a vendu la ville d'Olynthe; » Timolaüs, jusqu'à ce qu'il ait perdu les Thé- » bains; Eudique et Simos de Larisse, jusqu'à » ce qu'ils aient assujéti la Thessalie : le monde » entier est plein des mêmes exemples. Que sont » maintenant Aristrate à Sicyone, Périlaüs à Mé- » gare? Tous sont dans l'abjection. Et sais-tu » ce qu'il en résulte, Eschine? c'est que tes » pareils et toi, vous tous qui dans Athènes » faites de la trahison, vous avez la plus grande » obligation à ceux qui, comme moi, défen- » dent de toutes leurs forces la république et la » liberté. C'est là ce qui vous soutient; c'est là » ce qui vous enrichit. Sans nous, il y a long- » temps qu'on ne vous paierait plus; sans nous » il y a long-temps que vous auriez fait tout ce » qu'il faut pour vous perdre. »

CHAPITRE VI.

LES QUATRE ÉLECTEURS.

DIALOGUE

Entre un électeur de Paris, un électeur de Meaux, un électeur de Lizieux et un électeur de Foix.

(La scène se passe dans la salle à manger d'un hôtel garni, rue St-Honoré, près des messageries Caillard et Lafitte.)

L'ÉLECTEUR DE PARIS *à celui de Meaux* : Je craignais, mon cher ami, d'arriver trop tard. Je suis heureux que votre départ ait été différé. Notre conversation a été si brusquement interrompue hier au soir, que je n'ai pu entamer le chapitre le plus intéressant, celui des élections, sur lequel j'ai besoin que vous me rassuriez pour votre arrondissement.

L'ÉLECTEUR DE MEAUX : En attendant qu'on ait chargé les voitures, nous en parlions avec ces Messieurs, électeurs comme nous, dont j'ai eu le plaisir de faire la connaissance en déjeûnant. Ces Messieurs retournent à leur chef-lieu, pour y prendre part à la grande bataille des élections.

L'Électeur de Paris : C'est un devoir dont tout bon citoyen ne peut se dispenser. Dans quel département votez-vous, Messieurs ?

L'Électeur de Lizieux : Dans celui du Calvados, à Lizieux.

L'Électeur de Foix : Je vais voter au collége de Foix, département de l'Ariège.

L'Électeur de Paris : Hai ! hai ! la lutte sera vive sur ces deux points de la France. Les électeurs patriotes de Lizieux auront beaucoup à faire pour éloigner M. Guizot, et ceûx de Foix ne seront peut-être pas en majorité pour nous débarrasser des carlistes.

L'Électeur de Meaux : Il serait temps qu'on n'envoyât plus pour représentans de la France des ennemis de notre révolution et de nos libertés.

L'Électeur de Paris : J'espère que vous êtes en mesure, à Meaux, pour réélire notre patriarche ?

L'Électeur de Meaux : S'il ne dépendait que du ministère et des autorités, il est probable que notre vénérable Lafayette ne serait plus le représentant de l'arrondissement de Meaux; mais nous sommes là, nous, et nous l'enverrons de nouveau sur les bancs purs de la gauche, où sa seule présence fera pâlir les ennemis de la souveraineté nationale.

L'Électeur de Lizieux : Ce que vous dites là, mon cher collégue, n'est pas possible. Quoi ! les ministres du roi-citoyen chercheraient à repousser de la Chambre notre drapeau vivant?

L'Électeur de Paris : Tout cela peut paraître incroyable neuf mois après la grande semaine, mais il n'en est pas moins vrai.

L'Électeur de Foix : Mais où en sommes-nous donc, et où allons-nous?

L'Électeur de Meaux, *avec humeur* : Nous marchons droit à la restauration que nous avions si heureusement brisée, ou plutôt, nous n'en sommes pas sortis.

L'Électeur de Foix : Mais cependant le roi.......

L'Électeur de Lizieux : Oh certainement, le roi ne souffrira pas que l'on s'écarte des principes de la révolution qui l'a porté sur le trône.

L'Électeur de Paris : Ah ! sans doute le roi avait les meilleures intentions ; mais on est parvenu à lui représenter les patriotes, les hommes de juillet, comme les ennemis de la monarchie, et ces calomnies ont porté les fruits que les détracteurs de la liberté en attendaient.

L'Électeur de Meaux : On ne réparera jamais le mal fait par ce petit émigré de Gand que la France a eu le malheur d'avoir pour ministre le lendemain d'une révolution qui devait plutôt lui offrir l'occasion d'une nouvelle émigration !

L'Électeur de Lizieux : Je crois que vous voulez parler de notre ex-député, M. Guizot ?

L'Électeur de Paris : Et à qui attribuerions-nous la déplorable déception que les amis de la liberté, de la gloire et de la souveraineté nationale ont éprouvée, si ce n'est à ce grand-prêtre de la *quasi-légitimité*, et à tous les doctrinaires de son espèce, qui se sont si effrontément placés au pouvoir, quand le peuple a cru devoir se reposer ?

L'Électeur de Lizieux : Moi qui croyais M. Guizot aussi sincère libéral que Lafayette et Dupont de l'Eure !

L'Électeur de Meaux : Ils ont eu le malheur de le penser, eux aussi, tant les vrais libéraux sont confians !

L'Électeur de Lizieux : On croit, chez nous, que notre ex-mandataire est un bon patriote. Qui ne l'aurait cru, lorsque Lafayette ne s'est pas opposé à ce qu'il fût ministre le lendemain de la révolution !

L'Électeur de Meaux : C'est une de ses erreurs : son caractère loyal et confiant lui a fait prendre le change sur quelques démonstrations faites par l'ex-émigré de Gand, quand celui-ci ne trouva plus son compte à rester dans les rangs des royalistes dévoués à leurs légitimes.

L'Électeur de Paris : C'est cet inconcevable abandon chez les patriotes qui a compromis l'avenir de notre glorieuse révolution. Ils se sont livrés en aveugles à ceux qu'ils devaient éloigner et même surveiller !

L'Électeur de Foix : Il en a presque été de même dans nos montagnes : on a tendu la main à des gens qui allaient se cacher. Quelques jours après, ces mêmes hommes ont chassé les patriotes en les calomniant !

L'Électeur de Lizieux : Nous sommes, dans nos pays, si peu au courant du véritable état de choses et de la position des personnes, que nous avons regardé la nomination de M. Guizot comme un service rendu à la France et à la cause sacrée de la liberté.

L'Électeur de Paris : M. Guizot n'est rien moins que ce que vous l'avez cru en 1830.

L'Électeur de Lizieux : Ce n'est pas notre

faute à nous, si nous l'avons jugé d'après les recommandations d'une société qui passe pour patriote et qui a la confiance de tous bons Français.

L'Électeur de Paris : Ce fut aussi une erreur de cette société ; elle admit trop facilement dans son sein un homme que ses nombreux antécédans devaient faire repousser.... Savez-vous quelle a été la conduite politique de votre ex-député tant que la *légitimité par droit divin* a cru avoir besoin de ses services ?

L'Électeur de Lizieux : Je vous écoute, et je vous promets de répéter fidèlement ce que vous allez me dire sur M. Guizot à tous mes collégues les électeurs de l'arrondissement de Lizieux.

L'Électeur de Foix : Je vous écoute aussi, Monsieur, car nous sommes encore moins au courant dans nos Pyrénées centrales.

L'Électeur de Paris : Apprenez donc que, dès la fin de l'empire, M. Guizot, quoiqu'il ne fût encore qu'un mince intrigant, était déjà en rélation avec tous les anciens émigrés et les autres mauvais Français qui appelaient de leurs vœux *nos amis les ennemis* ; qu'il fut un de ces traîtres qui complotèrent, avec Talleyrand et consorts, la restauration des Bourbons ; qu'en

1814 il fut le secrétaire-général du ministre de l'intérieur, l'abbé Montesquiou, et qu'en cette qualité, il prit part à toutes les attaques dirigées contre les faibles libertés octroyées par la Charte; qu'il élabora la première loi contre la liberté de la presse, et que le premier, il fut nommé *censeur royal.*

L'Électeur de Lizieux : Ma foi, nous avions oublié ce prélude.

L'Électeur de Paris : Sachez encore, pour ne plus l'oublier, que pendant les *cent jours* votre ex-député fit le voyage de Gand à la suite de la *légitimité*; qu'il fut un des rédacteurs du *Journal de Gand*; qu'il ne rentra en France qu'en passant sur les cadavres de Waterloo; qu'il s'associa au gouvernement de 1815 et 1816, en qualité de sous-secrétaire d'état au département de la justice.

L'Électeur de Foix : On se rappelera longtemps, dans le Midi, la sanglante réaction qui fut exercée sous ce ministère.

L'Électeur de Paris : Devenu conseiller d'état, sans doute en récompense des bons services rendus au gouvernement de 1815, votre ex-député embrassa le système de *bascule* de M. Decazes, qui est celui du *juste milieu* d'aujourd'hui. Quand le parti anti-national ne trouva plus d'autre moyen de conjurer sa perte que d'attaquer la loi des élections de 1817, M. Guizot se prononça pour la nécessité d'une modification, en prenant pour prétexte la nomination du vénérable Grégoire. C'est ainsi qu'il sut encore se maintenir en faveur après la chûte de son patron M. Decazes. On le vit alors soutenir de toutes ses forces, comme commissaire du roi, les trois projets liberticides que le gouvernement fit présenter après la mort du duc de Berri.........

L'Électeur de Lizieux : Etes-vous bien sûr de ce que vous nous dites?

L'Électeur de Paris : Ouvrez *le Moniteur*, et vous vous convaincrez que je ne vous apprends que l'exacte vérité.... Mais qu'est-il besoin de remonter à la restauration? Son court ministère ne vous a-t-il pas appris quel cas la France doit faire de M. Guizot?

L'Électeur de Foix : On ne nous a jamais parlé que de son libéralisme pendant les dernières années de la restauration.

L'Électeur de Paris : Il est vrai qu'à l'exemple de tous ces ministres congédiés, qui allaient faire du libéralisme à la Chambre des pairs, M. Guizot fit de l'opposition dans sa chaire de la Sorbonne, dès l'instant où les Bourbons légitimes ne voulurent plus de lui; mais il n'en montra pas moins une constante aversion pour les formes populaires; aversion qu'il mit si bien en pratique, pendant les deux ou trois mois qu'une grande erreur le maintint au ministère, en faisant rétrograder la révolution de juillet jusqu'à une *quasi-restauration*.

L'Électeur de Lizieux, *mettant son bonnet de voyage* : Je pars, Monsieur, mais je vous promets qu'il ne dépendra pas de moi que le *transfuge de Gand* ne soit repoussé de notre collége. Ah! monsieur Guizot! je suis honteux de vous avoir donné ma voix deux fois, mais vous ne l'aurez pas une troisième. (*Il part.*)

L'Électeur de Meaux : Et moi, qui me suis glorifié d'avoir donné la mienne au général Lafayette, je vais me préparer à porter de nouveau son nom sur mon bulletin.

L'Électeur de Paris : Bon voyage, mon cher ami; ayez l'œil ouvert sur les intrigues des ennemis de nos libertés.

L'Électeur de Meaux : Je vous réponds que nous donnerons un bon exemple à la France. (*Il part.*)

L'Électeur de Foix : Je ferais bien volontiers comme ces Messieurs, si je n'étais employé du gouvernement; mais la circulaire du président du conseil des ministres, me fait craindre la perte d'une place dont je ne puis me passer.

L'Électeur de Paris : Ah ! vous êtes employé du gouvernement !

L'Électeur de Foix : Et mon Dieu ouï, c'est pour aller voter en faveur du candidat ministériel que je viens de recevoir l'ordre de retourner dans mon arrondissement.

L'Électeur de Paris : Ces malheureux employés sont vraiment à plaindre, de vivre dans l'alternative de se dévouer aveuglément à chaque ministre, de lui obéir passivement, ou de perdre les places acquises par de longs et bons services nationaux !

L'Électeur de Foix : Je vous avoue, Monsieur, que ce système ne me convient guère.

L'Électeur de Paris : Les ultra-royalistes s'en plaignirent beaucoup sous M. Decazes ; les libéraux s'en plaignirent plus vivement encore sous M. de Villèle : ainsi tous les partis l'ont fortement condamné.

L'Électeur de Foix : Nous ne devions donc plus nous attendre à le voir remettre en vigueur par M. Casimir Périer.

L'Électeur de Paris : Lui qui s'est élevé si énergiquement contre les circulaires de M. Corbière !..... Nous sommes seuls : écoutez-moi, monsieur l'électeur du département de l'Ariège : je suis, comme vous, employé du gouvernement ; mais je ne me suis jamais regardé comme l'esclave des ministres. Je sers mon pays ; je le sers en conscience, et je crois que mon premier devoir est de concourir à envoyer de bons mandataires à la Chambre des députés ; aussi n'ai-je jamais eu aucun égard aux invitations des ministres, lorsqu'ils m'ont désigné certains candidats qui ne me paraissaient pas être ceux du pays. Faites comme moi ; votez pour celui qui vous sera indiqué par l'opinion publique et par la vôtre ; et si tous les électeurs employés font comme nous, nous garderons nos places, sans être obligés de torturer notre conscience.

L'Électeur de Foix : Mais si l'autorité sait que je n'ai pas voté pour son candidat.......

L'Électeur de Paris : Faites votre devoir sans confier à personne le secret du vote que vous émettrez ; on ne doit pas la vérité à ceux qui vous tyrannisent.

L'Électeur de Foix : Ma foi, vous avez raison ; je pars bien résolu à vous imiter. Mais rassurez-moi sur le résultat des élections de Paris.

L'Electeur de Paris : Dites aux Ariégeois que les électeurs de la ville du 29 juillet voteront mieux que jamais. Adieu.

(*L'Ariégeois prend son bonnet de laine et part : le Parisien se rend à son bureau.*)

CHAPITRE VII.

DESTITUTIONS

Sur la morale des devoirs et la morale des intérêts,

Du 5 décembre 1818.

Le ministère a inventé une morale nouvelle, la morale des intérêts; celle des devoirs est abandonnée aux imbéciles.

Or cette morale des intérêts, dont on veut faire la base de notre gouvernement, a plus corrompu le peuple dans l'espace de . . .
. . . .
. . . .

Ce qui fait périr la morale chez les nations, et avec la morale les nations elles-mêmes, ce n'est pas la violence, mais la séduction.

Les bonnes lois ne sont que la conscience écrite : la morale des intérêts contrarie la conscience. Que disent les lois ? Respectez le bien d'autrui. Que disent les intérêts ? Prenez le bien d'autrui. La morale des intérêts est donc, par le fait, anti-sociale. Elle prend, pour levier politique, les vices des hommes, au lieu d'agir avec leurs vertus. Or les vices sont faibles et caducs : vous bâtissez donc avec des instrumens qui se briseront dans vos mains.

Qui remplit ses devoirs s'attire l'estime ; qui cède à ses intérêts est peu estimé. C'était bien du siècle de puiser un principe de gouvernement dans une source de mépris.

Le système des intérêts est le système du despotisme qui resserre tout ; il contrarie la nature du gouvernement représentatif qu'étend tout.

Élevez nos hommes politiques à ne penser qu'à ce qui les touche, et vous verrez comment ils arrangeront l'état. Ils chercheront à arriver au pouvoir par mille bassesses, non pour faire le bien public, mais pour faire leur fortune. Vous n'aurez que des ministres corrompus ou avides, semblables à ces esclaves mutilés qui gouvernaient le Bas-Empire, et qui vendaient au plus offrant.

Par un tel système, un horrible ravage est fait dans le cœur humain, c'est comme si vous donniez des leçons publiques de trahison, d'in justice et d'ingratitude. Les docteurs de cette science sont véritablement assis dans la chaire empestée. Les méchans diront : « Continuons » à faire le mal, puisqu'on est récompensé. » Les bons commenceront à regarder la vertu comme une duperie, les sacrifices comme une sottise.

CHATEAUBRIAND.

Conserv. t. I, p. 466, 467, 472, 473 et 477.

Du 5 *décembre* 1818.

Le fonctionnaire doit être à l'abri de toute influence, même celle de ses chefs. . . .

. . . .

Il faut du moins que son opinion soit libre; qu'il ne soit point obligé de la déguiser, ou de ne la montrer qu'à-demi. . . . .

. . . .

On doit appliquer ces réflexions à ces places jetées, en quelque sorte, à la tête *des députés futurs*, ou *des députés arrivés* : les places où l'on juge de l'honneur, de la vie, de la liberté et de la fortune des citoyens, ne doivent pas servir d'*indemnités* ou de *séductions politiques*.

F. AGIER.

Conservateur, t. I, p. 452, 453, 455.

*

Du 10 juin 1819.

Tout en respectant le principe de la révocation à volonté des agens administratifs, il est impossible de voir que l'abus n'en soit un des attributs du despotisme le plus absolu. Le gouvernement impérial lui-même, qui ne s'est jamais imposé une grande gêne lorsqu'il n'était question que de ménager des individus pris isolément, s'est cependant conformé à des règles d'équité que maintenant nous réclamons en vain. . . . . , ...

Une inquisition politique, plus perfide dans ses manœuvres que l'inquisition religieuse, tant reprochée aux siècles d'ignorance, s'est organisée sur tous les points du royaume. Le ministère poursuit sa brillante carrière, en destituant ceux qu'il croit ses ennemis. . . . ; il pense prolonger son règne en donnant tous les emplois à des hommes asservis.

X....

Conservateur, t. III, p. 498 et 500.

Du 5 décembre 1818.

Rien n'est plus facile à un ministre que de signer négligemment une destitution que lui commande la haine, qui lui enlève l'intrigue; le soir, il n'en retrouve pas moins sa table, son lit et ses laquais de toutes les sortes; mais le malheureux commis frappé........ qui, pour remplacer la perte entière de sa fortune, n'avait que les modiques appointemens d'une place ignorée, retrouve-t-il sa table, son lit, ses serviteurs? Il ne retrouve qu'une famille en larmes, que la compagne de son exil, que des enfans élevés dans la misère... ..

CHATEAUBRIAND.

'*Conservateur*, t. I, p. 476, 477.

CONCLUSION.

Électeurs fonctionnaires ou employés, qui voyez chaque jour la destitution planer sur vos têtes, et qu'on ménage peut être encore jusqu'après les élections, les craintes mêmes que vous concevez ne vous disent-elles pas de ne point voter dans le système de ceux qui violent votre conscience, et pour des hommes qui pourraient bien se servir de votre mandat pour disposer en faveur de leurs parens du petit nombre de places qui vous restent! Unissez vous aux électeurs indépendans. Quand tout le monde se compromet à la fois devant le ministère, il n'y a plus de crainte isolée à concevoir; car les ministres seuls seront compromis.

CHAPITRE VIII.

Essais sur les opinions politiques des Doctrinaires, et conclusion.

M. Royer-Collard.

Comme il est impossible que nous puissions nous occuper de tous les Doctrinaires, dont le nombre, qui n'était d'abord que de *cinq*, du temps du *canapé*, s'élève aujourd'hui à quelques *douzaines*, non compris les *élèves*, nous nous bornerons à reproduire les doctrines de leur chef, M. Royer-Collard. Il nous sera facile de prouver, par de nombreuses citations, que les hommes de la *Doctrine* n'ont jamais été de vrais libéraux; qu'au contraire, ils n'ont cessé pendant les quinze années de lutte entre la liberté et le despotisme de se montrer les partisans de la plupart des mesures liberticides proposées sous les divers ministères de la restauration; qu'au milieu de quelques phrases quasilibérales et d'un pathos fatigant, on trouve dans toutes leurs opinions les théories les plus contraires à la liberté des peuples ; qu'ils ont toujours été les plus chauds partisans de la légitimité, et les plus grands adversaires de la souveraineté nationale ; et enfin qu'ils se sont toujours montrés opposés aux progrès et au perfectionnement des institutions politiques des Français, par l'adoption de cette maxime : *Qu'auprès de l'avantage d'améliorer se trouve le danger d'innover.*

Quand nous aurons prouvé, de la manière la plus incontestable, que les *Doctrinaires* ont constamment été et sont encore, à peu de chose près, des *aristocrates*, comme on disait en 1789, ou des *ultra-royalistes*, suivant une dénomination plus moderne ; il nous sera aisé de conclure que le rôle politique du chef et des disciples *Doctrinaires*, soit des *hommes* du *juste-milieu*, devait être fini dès le 29 juillet 1830, jour où la légitimité fut enterrée sous les barricades parisiennes, d'où surgit la souveraineté du peuple ; et que, de ce jour, on ne devait plus souffrir qu'ils prissent aucune part au gouvernement nouveau, que malheureusement ils ont dirigé pendant neuf mois, et qu'ils dirigent encore.

M. Royer-Collard.

Laissant aux biographes le soin de dire ce que fit ce grand-prêtre des *Doctrinaires*, soit pendant la révolution, soit sous l'empire, nous ne nous attacherons qu'à ses opinions et à ses votes politiques depuis 1815.

Nous ouvrons le *Moniteur*, et nous y trouvons que M. Royer-Collard, député à la Chambre de 1815, dite *l'introuvable*, y fit, il est vrai, partie de la minorité; non pas de la minorité libérale, mais de celle qui se rattachait plus aux ministres qu'aux principes.

Nommé en octobre 1815 membre de la commission pour l'examen du projet restrictif de la liberté individuelle, projet vivement combattu par M. Voyer-d'Argenson et les vrais libéraux, M. Royer-Collard pensait au contraire que, dans les circonstances extraordinaires où le gouvernement se trouvait, il était *indispensable* de lui conférer le pouvoir extraordinaire d'arrêter et de retenir pendant un temps limité, sans les traduire devant les tribunaux, les *prévenus* de crimes d'état.

En novembre, il reçut l'insigne honneur d'être nommé commissaire du roi pour appuyer le projet de loi qui rétablissait les cours prévôtales. Il adhéra à cette occasion aux principes émis par le ministre de la guerre Clarcke, duc de Feltre, et vanta le *régime paternel* du roi qui rétablissait ces odieux tribunaux de sang.— Dans la question relative à la réduction des tribunaux ordinaires et à l'inamovibilité des juges, M. Royer-Collard trouva admirable cette maxime que le ministère avait mise dans la bouche de Louis XVIII : *Qu'auprès de l'avantage d'améliorer se trouve le danger d'innover.*

En janvier 1816, M. Royer-Collard se prononça contre les amendemens qui firent de la loi d'amnistie une loi de proscription ; toutefois, en doctrinaire conséquent, il soutint que, dans certaines crises, les gouvernemens pouvaient et devaient s'élever au-dessus des lois, frapper ceux qu'elles épargnent, épargner ceux qu'elles frappent; séparer le fait du droit et la justice de ses formes ; en un mot chercher leurs motifs et leurs règles dans l'intérêt suprême du salut de l'état. Tels étaient les principes de M. Royer-Collard. M. Voyer-d'Argenson et la minorité vraiment libérale pensaient bien différemment. Ils pensaient que les gouvernemens n'avaient que trop abusé de ce droit terrible qu'on voulait lui donner en 1816.

Le 4 février, il combattit le renouvellement

quinquennal, mais en émettant les principes les plus dignes des monarchies absolues. Il s'opposa à l'augmentation des membres de la Chambre des députés, parce que, selon lui, plus une assemblée est nombreuse, plus elle est susceptible d'enthousiasme, ce qui conduit à l'anarchie. Il voulait que le gouvernement tout entier restât entre les mains du roi; que le roi n'eût besoin des Chambres que s'il reconnaissait la nécessité d'une loi nouvelle ou pour le budget. Il considérait l'initiative des Chambres comme un droit fatal qu'il ne fallait point leur conférer. Il désirait qu'il y eût en France une aristocratie indissolublement liée à la couronne, et il en déplorait l'absence; il l'attendait du temps. Dans son opinion, le pouvoir aristocratique créé par la Charte n'était encore qu'une fiction, et ne se réaliserait que quand il serait l'expression fidèle des supériorités réellement existantes et universellement reconnues. (Bien entendu que M. Royer-Collard était une de ces supériorités). Dans sa fureur des théories, il déclarait que les députés n'étaient que les mandataires de la Charte et non les mandataires du peuple, ayant droit de parler et d'agir en son nom; et il s'écrie: « Si nous devenions les mandataires du

» peuple, c'est alors que les droits et les libertés » de la nation seraient en péril! »

Passant ensuite à la théorie du gouvernement anglais, il pense que si la réforme parlementaire dont il était question avait lieu en Angleterre, et si les abus qui se sont introduits malgré la théorie ou à l'appui de la théorie sur laquelle repose ce gouvernement n'existaient plus, l'Angleterre serait précipitée dans l'abîme des révolutions. Il aimerait assez le gouvernement de l'Angleterre, mais seulement avec ses *abus.*

Tel se montre M. Royer-Collard pendant la période de 1815 et 1816. S'il combattit quelquefois la majorité de cette époque, ce ne fut jamais aux dépens de ses principes monarchiques; il fut alors royaliste modéré, grand partisan de la légitimité, du pouvoir royal, de l'initiative royale, etc., etc. Certes ce n'était là ni un libéral, ni un patriote.

Voyons maintenant s'il changea dans la suite de sa carrière politique.

En janvier 1817, il tonna contre l'assemblée constituante, « d'où sortirent, dit-il, les doc» trines qui ont tout renversé en France. Chaque » Français ayant concouru à l'expression d'un » vœu transmis par les cahiers, a cru repré» senter la nation. On a parlé au nom de cette

» nation ; on a vu en elle la source de tous les » pouvoirs. De là le dogme *fatal* de la souveraineté du peuple et son épouvantable résultat.»

A la même époque on le vit appuyer, comme en 1815, le projet de loi restrictif de la liberté individuelle. « C'est, dit-il, la *légitimité* sortant » à peine d'une horrible tempête qui vous de» mande à vous, sujets loyaux et fidèles, de ne » pas lui retirer brusquement un appui qu'elle » croit lui être nécessaire. Le lui refuserez» vous en présence de l'Europe attentive ? »

Le 27 du même mois, il vota en faveur du projet de loi qui assujétissait les journaux à ne paraître qu'après en avoir obtenu l'autorisation du roi.

Veut-on de nouvelles preuves que M. Royer-Collard ne fut jamais un libéral, que ses opinions n'eurent jamais qu'un léger vernis de libéralisme ; qu'au fond il s'associait volontiers à toutes les mesures liberticides proposées par le gouvernement, et que ses sentimens étaient assez conformes à ceux des hommes de 1815, si déplorablement célèbres ? Parcourons la session de 1819, dans laquelle furent proposées et votées les trois fameuses lois dites : *Sur la répression des crimes et délits commis par la voie de la presse* : — *De la poursuite des délits de la presse* : — *Loi relative à la publication des journaux*. C'étaient là des questions vitales. Eh bien ! tandis que les vrais libéraux combattaient de toutes leurs forces ces lois liberticides, M. Royer-Collard les trouvait excellentes, et les votait sans amendemens. La manière dont il entendait la liberté de la presse ferait rire de pitié, si on pouvait rire quand il s'agit de la perte des libertés les plus précieuses. Le cautionnement exigé des journaux était pour lui une invention sublime; il ne le trouvait pas même trop fort. « Il faut, disait-il, rassurer » la nation contre les souvenirs terribles qu'ont » laissés les journaux.» Et pour rassurer la nation, on la bâillonnait, on créait des classes d'individus outrageables, etc.

Si tous ces votes font peu d'honneur au libéralisme de M. Royer-Collard et à ses principes politiques, il en est un émis dans la même session, qui nous donnera une fâcheuse idée de ses sentimens philantropiques. Je veux parler des pétitions adressées à la Chambre pour demander le rappel des bannis, M. Royer-Collard se montra, dans cette circonstance, à l'égal d'un des implacables royalistes de 1815. Ecoutons-le lui-même : « Le gouvernement *légitime* a des » ennemis, ces ennemis s'agitent, et ils s'agi-

» teront et fatigueront la nation aussi long-
» temps qu'ils nourriront le fol espoir de la ra-
» mener sous le joug. . . . Ne pouvant atta-
» quer aujourd'hui le trône à force ouverte, ils
» s'appliquent à lui attirer des insultes. . . . .
» Qu'on ne nous parle point ici de vieillards,
» d'infirmes, de malheurs particuliers ; ce n'est
» pas de quoi il s'agit. Quand les portes de la
» miséricorde royale s'ouvriront, la Chambre
» sera loin de vouloir les fermer. Mais elle ne
» manquera point de respect au roi ; elle n'in-
» sultera point le trône héréditaire sur lequel il
» est assis. » — Voilà une singulière fin de non recevoir des pétitions dictées par l'humanité ! Dans cette circonstance, M. Royer-Collard prouva par son opinion et son vote qu'il adhérait au fameux *jamais* ! de M. De Serre.

Passons maintenant à l'année suivante.

Le 17 mai 1820, M. Royer-Collard prononça un de ces discours qu'on est convenu de trouver *profonds*, parce qu'ils fatiguent l'attention, et qu'on ne peut les comprendre qu'au moyen de commentaires. Toutefois, nous y trouvons très-clairement exprimée son admiration pour la *pairie héréditaire*, seule exceptée de la base de l'égalité des droits établis par la charte. M. Royer-Collard croit « que le sol politique

» de la France, si long-temps le domaine du » privilége, a été conquis par l'égalité, non » moins irrévocablement que le sol des Gaulois » le fut autrefois par le peuple Franc. » Ce qui ne l'empêche pas de se mettre à genoux devant l'admirable institution de la *pairie héréditaire.* Il y a chez l'orateur un fonds d'aristocratie couvert d'un vernis de libéralisme qu'on ne peut réellement trouver que chez les *doctrinaires.*

Dans la même séance, il traite aussi de l'objet de ses affections, de la légitimité. « En repous- » sant de toutes mes forces les mesures qui » vous sont proposées, je suis, dit-il, fidèle à » la pensée de toute ma vie; je défends encore, » je *revendique* la *légitimité* qui nous est si » nécessaire, et que nous perdrions en quelque » manière si nous ne la conservions pure et sans » tache. La légitimité est l'idée la plus profonde » à la fois et la plus féconde qui soit entrée » dans les sociétés modernes. »

Le lendemain, M. Pasquier ayant reproché à M. Royer-Collard d'avoir, dans son discours, confondu, renversé l'ordre des idées, lui conseilla de se préserver de ces théories brillantes qui peuvent satisfaire l'amour-propre sans conduire au bonheur. M. Royer-Collard se fâcha d'autant plus vivement, qu'on lui avait reproché d'avoir soutenu la doctrine de la souveraineté du peuple, qu'il considère comme une *erreur criminelle*. « La souveraineté du peuple, » dit-il, n'est autre chose que le pouvoir absolu, » ou les priviléges, ce qui est toujours la même » souveraineté du peuple; car c'est toujours » l'empire de la force. La société peut se com- » poser de deux élémens : l'un est matériel, » c'est la force des individus; l'autre est moral, » c'est le droit résultant des *intérêts légitimes*. » Si vous voulez faire votre société avec l'élé- » ment matériel, alors c'est la majorité des voix » des individus qui est le souverain. Voilà la » souveraineté du peuple. »

Toute la France se rappelle encore les opinions que M. Royer-Collard et ses doctrinaires émirent lors des grands débats pour changer la loi des élections de 1817. Ils contribuèrent puissamment à nous gratifier du double vote et de la division des colléges électoraux en *grands* et *petits* colléges, desquels devait surgir la *septennalité*, prônée par quelques écrivains de la doctrine. Mais en appuyant ainsi le plan des ultra-royalistes, les doctrinaires s'aperçurent, après la chute des ministres Decazes et De Serre, qu'ils avaient travaillé pour la contre-révolution, en croyant travailler pour eux. Ne pouvant se faire admettre eux et leur système dans le parti qu'ils avaient fait triompher, ils se jetèrent alors dans les rangs des libéraux, qui eurent la bonhommie de les recevoir. Ce n'est pas que les doctrinaires ne sentissent que leurs principes n'avaient rien de commun avec ceux du côté gauche de la Chambre des députés; mais ils espéraient à l'aide des efforts des libéraux réussir à s'emparer du pouvoir, constant objet de toutes leurs actions, et imposer ensuite leurs doctrines à la France, au lieu des principes qu'elle voulait faire sanctionner.

Le rêve des doctrinaires s'est malheureusement réalisé après la révolution de juillet, par l'extrême confiance des patriotes vainqueurs.

Quand la *légitimité par droit divin* venait d'être chassée, et la *souveraineté du peuple* proclamée, qui n'eût cru que le rôle politique de M. Royer-Collard, de M. Guizot et de leurs amis devait être fini, et qu'il ne leur restait plus qu'à se retirer entièrement des affaires publiques, comme le firent MM. Châteaubriand, Hyde de Neuville, etc.?

Pour le malheur de la France, il n'en fut pas ainsi : M. Royard-Collard et ses amis profitèrent habilement de la popularité qu'ils avaient usurpée au milieu des libéraux, et restèrent sur la scène politique, au grand étonnement de tous les vrais patriotes, qui furent affligés de voir placer au ministère de l'intérieur le présomptueux professeur de la Sorbonne, M. Guizot, dont on n'avait pas oublié le voyage de Gand, ni les antécédens peu propres à lui attirer la confiance publique.

C'est depuis ce fatal ministère que M. Royer-Collard inventa le principe de la *quasi-légitimité*, tant prôné par M. Guizot, principe que les doctrinaires sont parvenus à substituer à la *souveraineté nationale*, afin de détruire d'un seul mot l'effet de notre glorieuse révolution.

Mais cette grande révolution ne peut et ne doit pas souffrir que quelques intrigans, que quelques royalistes dévoués à la légitimité de Charles X et de Henri V, restent plus longtemps sur la scène politique. Les électeurs sentiront tout ce qu'il y a d'incompatible entre les principes de la révolution de juillet et ceux des doctrinaires; ils verront clairement où les doctrinaires et les hommes du *juste milieu*, avec lesquels ceux-là font cause commune, conduiraient la France, si on ne les repoussait pas de l'urne électorale. Mieux vaudrait envoyer à la Chambre des carlistes, des chouans prononcés, que des ennemis déguisés dont les protestations pourraient encore séduire quelques hommes faibles et peu clairvoyans.

« Les ennemis du gouvernement actuel, di- » sait M. de Polignac, pendant sa translation » au château de Ham, au lieutenant-colonel » Lavocat, qui l'accompagnait, *les ennemis de* » *vos libertés*, ce sont les doctrinaires; MÉFIEZ- » VOUS DES DOCTRINAIRES. »

De quelque part qu'un bon conseil nous vienne, la prudence veut qu'on ne le néglige pas.

CONCLUSION.

En exposant ici les antécédens et les principes politiques du chef des doctrinaires, nous avons pensé que les électeurs en feraient une juste application à tous les disciples de la doctrine et à tous les hommes du *juste milieu*, qui sont le fléau de la France et du genre humain.

Électeurs qui ne voulez pas le retour des Bourbons de la branche aînée; qui repoussez le ridicule principe de la *légitimité par droit divin*, qui voulez que la France soit à jamais débarrassée de tout ce qui la pressurait, l'opprimait et l'humiliait, débarrassez-nous des doctrinaires et des hommes du juste milieu. La France vous en sera reconnaissante.

CHAPITRE IX.

DE LA CIRCULAIRE ÉLECTORALE.

On a parlé d'une circulaire électorale adressée aux préfets avec grand mystère ; rien n'en avait transpiré jusqu'ici ; nous pouvons aujourd'hui mettre cette pièce sous les yeux de nos lecteurs :

Copie de la lettre de M. le président du conseil à MM. les Préfets, relativement aux élections.

Paris, 3 mai 1831.

M. le préfet,

Les articles transitoires de la loi sur les élections, ordonnent l'application immédiate de presque toutes celles de ses dispositions qui précèdent l'ouverture des colléges. La prorogation des chambres sera très-probablement suivie d'une dissolution; vous devez même, dès à présent, regarder la réélection générale comme un terme assuré, et comme l'objet le plus important qui puisse occuper votre pensée. Cette réélection sera sans doute une épreuve pour le gouvernement, mais elle en sera une aussi pour vous, monsieur, car la meilleure et la plus grande des influences, c'est une bonne administration.

Je ne doute pas que vous ne fassiez tous vos efforts pour donner à la vôtre la direction la plus propre à satisfaire et à contenir à la fois les esprits; j'espère surtout que vous vous attacherez à bien faire comprendre la pensée du gouvernement, à la défendre contre les imputations qui la défigurent, à dissiper toutes les préventions que les partis aiment à propager. Enfin, en ménageant tous les intérêts, en préoccupant surtout les esprits d'améliorations positives, vous devez les calmer, les unir, et acquérir cette autorité morale, sans laquelle la puissance publique ne saurait très-longtemps subsister.

Après vous avoir donné ces indications générales, que vous saurez bien approprier aux besoins et aux dispositions de votre département, je dois vous prier de me communiquer vos idées sur le résultat probable des prochaines élections. Je réclame de vous sur ce point, une entière franchise; le gouvernement a besoin de savoir des choses qui l'instruisent, et non des choses qui lui plaisent.

1° Quelle est la situation générale de l'esprit public dans votre département, quelle est la force respective des opinions qui le divisent? En dehors des partisans du régime détruit, à qui connaissez-vous le plus d'influence et de crédit, de ceux qui adoptent les principes professés par le gouvernement, ou de ceux qui les attaquent et se rangent dans l'opposition ?

2° Qu'augurez-vous particulièrement sous ce rapport du corps électoral, tel que le constitue la nouvelle loi ?

3° Enfin quels sont les candidats portés, soit par les localités différentes, soit par les opinions opposées ! Quelle est votre pensée sur les chances de succès que peut avoir chacun d'eux ! Sur leur mérite, sur leur situation sociale, leurs dispositions politiques ! Ne me laissez rien ignorer à cet égard, et parlez-moi avec une franchise égale à ma discrétion.

Pour moi, M. le préfet, je vous dirai sans détour, l'intention générale du gouvernement : *il ne sera pas neutre dans les élections* ; *il ne veut pas que l'administration le soit plus que lui.*

Sans doute sa volonté est, avant tout, que les lois soient exécutées avec une rigoureuse impartialité, avec une loyauté irréprochable. Aucun intérêt public ne doit être sacrifié à un calcul électoral, aucune décision administrative ne doit être puisée dans d'autres motifs que le vrai, le juste, le bien commun ; les opinions ne doivent jamais être prises pour des droits ; enfin l'indépendance des consciences doit être scrupuleusement respectée. Le secret des votes est sacré, et aucun fonctionnaire ne saurait être responsable du sien devant l'autorité. Je n'ai pas besoin d'insister sur ces principes, vous ne serviriez pas un gouvernement qui en professerait d'autres.

Mais, entre l'impartialité administrative et l'indifférence pour toutes les opinions, la distance est infinie. Le gouvernement est convaincu que ses principes sont conformes à l'intérêt national, il doit donc désirer que le vœu national les confirme, il doit donc désirer que les colléges électoraux élisent des citoyens qui, tels que vous, partagent ses opinions et ses intentions; vous le désirez autant que lui. Il n'en fait mystère, et vous devez ainsi que lui le déclarer hautement.

Le gouvernement a, plus d'une fois, exposé ses principes de politique intérieure et extérieure. Le discours du roi, dans la séance de clôture, les a résumés de nouveau, nous désirons que la dissolution ramène une chambre dont la majorité les adopte et les soutienne, et se montre fidèle aux exemples de cette chambre qui a perfectionné la Charte, offert au roi la couronne, partagé le péril et l'honneur de ce grand évènement de juillet, dont elle a consolidé le résultat. Cette règle doit déterminer la préférence de l'administration entre les divers candidats.

Cependant vous sentez qu'il ne faut pas s'attacher trop exclusivement aux nuances; un honnête homme dévoué au roi et à la Charte est toujours un bon député; et lors même qu'il aurait des concurrens qui vous paraîtraient préférables, s'ils ont peu de chances d'être élus, l'administration ne doit pas s'obstiner à les appuyer; guidée par les intérêts généraux, elle ne doit prendre contre personne l'initiative de l'hostilité; elle doit accueillir tous ceux qui ne l'attaqueront pas.

M. le préfet, les questions que je vous adresse dans

cette lettre exigent une prompte réponse. Si vous ne pouvez pas sur-le-champ me transmettre une réponse complète, faites-moi au moins connaître vos données actuelles sur l'état des choses et sur les chances de l'avenir. Vous compléterez ces renseignemens plus tard; veuillez m'écrire très-souvent sur cet objet, il n'en est pas de plus important ni qui demande plus de soin, plus de suite et plus de mesure. Je le recommande spécialement à votre prudence, à votre dévoûment, à votre amour du bien public. Je souhaite vivement que l'administration à laquelle j'ai l'honneur de présider donne aux élections prochaines l'exemple nouveau d'un ascendant qui n'est fondé que sur sa bonne conduite, sur la confiance qu'elle inspire, dont la puissance ne coûte rien ni à la justice ni à la loyauté.

Vous voudrez bien, monsieur le préfet, m'accuser sans délai la réception de la présente, et adresser des instructions dans le même genre à MM. les sous-préfets de votre département. Vous me ferez connaître votre opinion sur leur active et cordiale coopération.

Agréez, etc.

Observations du Courrier-Français.

A travers toutes les précautions qu'à prises M. Périer pour éviter les inconvéniens de ces circulaires écrites qui restent et qui sont quelquefois embarrassantes, on remarque cette inles il s'appuie. On a regardé jusqu'ici une dissolution de chambre comme un appel à l'opinion du pays, comme un moyen de consulter le vœu public et de se régler sur sa manifestation. Tous les ministères qui jusqu'ici ont tenté des élections générales, disaient en termes plus ou moins explicites : les colléges électoraux vont prononcer entre nous et nos adversaires, c'est à eux de décider si notre système est bon ou mauvais. Aujourd'hui c'est toute autre chose. Le ministère ne doute de rien ; sa conviction est arrêtée ; la France est telle qu'il lui plaît de la représenter : *Le gouvernement est convaincu que ses principes sont conformes à l'intérêt national;* il lui faut des députés attachés à ses principes : les élections n'ont rien à lui apprendre.

Les députés qu'il réclame de ses préfets doivent se montrer *fidèles aux exemples* de la dernière chambre, c'est-à-dire repousser l'extension des droits politiques, même en raison des charges supportées par des citoyens, restreindre les franchises municipales, voter des fonds pour la police secrète, donner des témoignages d'intérêt à la famille déchue et attenter même au principe du gouvernement actuel, en acceptant un acte qui consacre les droits de la descendance de Charles X. En un mot, c'est la chambre ancienne qu'on redemande. A voir le chemin rétrograde qu'elle nous a fait faire en neuf mois, on peut juger où nous en serions dans un an avec une assemblée faite à son image. La circulaire lui attribue, suivant l'usage, les périls et les honneurs du *grand événement* de juillet (car on sait que ce n'est pas une révolution); quant au peuple, on n'en parle pas : il n'a rien fait; il n'y était pas.

On ne croirait jamais que cette circulaire soit écrite neuf mois après une révolution faite au nom de la liberté. Regardez si vous y trouvez trace de la plus légère intention de marcher dans une voie progressive, d'étendre les droits politiques, d'accroître les libertés publiques; pas un mot de cela. Parlez d'améliorations *positives*, dit M. Périer à ses préfets; mais il n'est pas question d'améliorations politiques : celles-là sont proscrites.

On nous disait que sous le régime des hommes d'affaires, si la liberté avait quelque peu à souffrir, du moins l'administration marcherait à souhait. Eh bien ! trouvez un préfet qui ait le temps de s'occuper des affaires de ses administrés, au milieu de l'inquisition électorale qu'on lui impose. Ce ne serait pas trop d'une société trés, au milieu de l'inquisition électorale qu'on lui impose. Ce ne serait pas trop d'une société de bénédictins pour faire toutes les recherches que prescrit la circulaire. Esprit publié, force respective des opinions, influence du ministère, influence de l'opposition, effets de la nouvelle loi sur le corps électoral; nombre des candidats; leur mérite, leur opinion, leur position, leur famille, leurs chances de succès, etc.. Quel travail! Le zèle de vingt préfets suffirait à peine pour la statistique électorale d'un seul département; et ce n'est point d'un ou deux rapports qu'il s'agit: *Écrivez-moi très-souvent sur cet objet, il n'en est pas de plus important, ni qui demande plus de soin, plus de suite et plus de mesure.* Pendant ce temps, que deviennent les intérêts locaux, les affaires administratives? Tout est sacrifié aux élections, comme sous les ministères Villèle et Polignac. Est-ce là l'attitude d'un ministère qui veut réellement consulter le vœu du pays, s'éclairer par les élections, et attendre la libre manifestation de l'opinion? Non; c'est l'inquiétude d'une administration qui sent que son système est repoussé par le pays, mais qui veut se maintenir à tout prix, en faussant l'expression de la volonté publique.

La circulaire contient, il est vrai, des déclarations de respect pour la liberté des suffrages. Mais on y voit aussi *que le gouvernement ne sera pas neutre dans les élections, qu'il ne veut pas que l'administration le soit plus que lui, que l'impartialité n'est pas l'indifférence pour les opinions;* ces paroles sont significatives et leur sens peut s'étendre loin ; elles contiennent en germe toutes les doctrines du système Villèle; il n'y a qu'un pas de plus à faire.

Les électeurs sont avertis du souci qu'ils donnent à M. le président du conseil et des travaux accablans qu'ils occasionnent à leurs préfets. C'est une inquisition complétement organisée. Le ministère attend d'eux une chambre semblable à la dernière; le pays attend d'eux une chambre nationale, qui nous donne un système de gouvernement plus conforme à l'esprit de la révolution de juillet, et un système administratif moins tracassier, moins inquisitif, moins exclusif de la bonne gestion des intérêts locaux.

(*Extrait du Courrier-Français.*)

CHAPITRE X.

LOI ÉLECTORALE. — 19 avril 1831.

TITRE Ier — *Des capacités électorales.*

Art. 1er. Tout Français jouissant des droits civils et politiques, âgé de vingt-cinq ans accomplis et payant 200 fr. de contribution directe, est électeur s'il remplit d'ailleurs les autres conditions fixées par la présente loi.

2. Si le nombre des électeurs d'un arrondissement électoral ne s'élève pas à cent cinquante, ce nombre sera complété en appelant les citoyens les plus imposés au-dessous de 200 fr.

Lorsqu'en vertu du paragraphe précédent les citoyens payant une quotité de contribution égale se trouveront appelés concurremment à compléter la liste des électeurs, les plus âgés seront inscrits jusqu'à concurrence du nombre déterminé par ledit article.

3. Sont en outre électeurs, en payant 100 fr. de contributions directes :

1° Les membres et correspondans de l'Institut ;

2° Les officiers des armées de terre et de mer jouissant d'une pension de retraite de 1,200 fr. au moins, et justifiant d'un domicile réel de trois ans dans l'arrondissement électoral.

3. Les officiers en retraite pourront compter, pour compléter les 1,200 fr. ci-dessus, les traitemens qu'ils toucheraient comme membres de la Légion-d'Honneur.

4. Les contributions directes qui confèrent le droit électoral sont la contribution foncière, les contributions personnelle et mobilière, la contribution des portes et fenêtres, les redevances fixes et proportionnelles des mines, l'impôt des patentes, et les supplémens d'impôt de toute nature connus sous le nom de centimes additionnels.

Les propriétaires des immeubles temporairement exemptés d'impôts pourront les faire expertiser contraditoirement et à leurs frais, pour en constater la valeur de manière à établir l'impôt qu'ils paieraient, impôt qui alors leur sera compté pour les faire jouir des droits électoraux.

La patente sera comptée à tout médecin ou chirurgien employé dans un hôpital ou attaché à un établissement de charité et exerçant gratuitement ses fonctions, bien que, par suite de ces mêmes fonctions, il soit dispensé de la payer.

5. Le montant du droit annuel de diplôme, établi par l'article 29 du décret du 17 septembre 1808, sera compté dans le cens électoral des chefs d'institution et des maîtres de pension, tant que les lois annuelles sur les finances continueront à en autoriser la perception.

Les chefs d'institution et les maîtres de pension justifieront de leur qualité par la représentation de leur diplôme; ils justifieront du paiement du droit par la représentation de la quittance que leur aura délivrée le comptable chargé de la perception de ce droit.

Le montant de ce droit annuel ne sera compté dans le cens électoral des chefs d'institution et des maîtres de pension qu'autant que leur diplôme aura au moins une année de date, à l'époque de la clôture de la liste électorale.

6. Pour former la masse des contributions nécessaires à la qualité d'électeur, on comptera à chaque Français les contributions directes qu'il paie dans tout le royaume; au père, les

contributions des biens de ses enfans mineurs dont il aura la jouissance, et au mari celles de sa femme, même non commune en biens, pourvu qu'il n'y ait pas séparation de corps.

L'impôt des portes et fenêtres des propriétés louées est compté, pour la formation du cens électoral, aux locataires ou fermiers.

Des contributions foncières, des portes et fenêtres et des patentes, payées par une maison de commerce composée de plusieurs associés, seront, pour le cens électoral, partagées par égales portions entre les associés, sans autre justification qu'un certificat du tribunal de commerce, énonçant les noms des associés. Dans le cas où un des associés prétendrait à une part plus élevée, soit parce qu'il serait seul propriétaire des immeubles, soit à tout autre titre, il sera admis à en justifier devant le préfet en produisant ses titres.

7. Les contributions foncière, personnelle et mobilière et des portes et fenêtres, ne seront comptées que lorsque la propriété foncière aura été possédée, ou la location faite antérieurement aux premières opérations de la révision annuelle des listes électorales. Cette disposition n'est point applicable au possesseur à titre successif ou par avancement d'hoirie. La patente ne

comptera que lorsqu'elle aura été prise et l'industrie exercée un an avant la clôture de la liste électorale.

8. Les contributions directes payées par une veuve ou par une femme séparée de corps ou divorcée, seront comptées à celui de ses fils, petits-fils, gendres ou petits-gendres qu'elle désignera.

9. Tout fermier à prix d'argent ou de denrées qui, par bail authentique d'une durée de neuf ans au moins, exploite par lui-même une ou plusieurs propriétés rurales, a droit de se prévaloir du tiers des contributions payées par lesdites propriétés, sans que ce tiers soit retranché au cens électoral du propriétaire.

Dans des départemens où le domaine congéable est usité, il sera procédé de la manière suivante pour la répartition de l'impôt entre le propriétaire foncier et le colon.

1° Dans les *tenues* composées uniquement de maisons ou usines, les 6/8es de l'impôt seront comptés au colon, et 2/8es au propriétaire foncier.

2° Dans les *tenues* composées d'édifices et de terres labourables ou prairies, et formant ainsi un corps d'exploitation rurale, 5/8e compteront au propriétaire, et 3/8e au colon.

3° Enfin, dans les *tenues* sans édifices, dites *tenues* sans étage, 6/8e seront comptés au propriétaire, et 2/8e seulement au colon, sauf, dans tous les cas, la faculté aux parties intéressées de demander une expertise aux frais de celle qui la requerra.

TITRE II. — *Du domicile politique.*

10. Le domicile politique de tout Français est dans l'arrondissement électoral où il a son domicile réel; néanmoins il pourra le transférer dans tout autre arrondissement électoral où il paie une contribution directe, à la charge d'en faire, six mois d'avance, une déclaration expresse au greffe du tribunal civil de l'arrondissement électoral où il aura son domicile politique actuel, et au greffe du tribunal civil de l'arrondissement électoral où il voudra le transférer : cette double déclaration sera soumise à l'enregistrement. Dans le cas où un électeur aura séparé son domicile politique de son domicile réel, la translation de son domicile réel n'emportera pas le changement de son domicile politique, et ne le dispensera pas des déclarations ci-dessus prescrites, s'il veut le réunir à son domicile réel.

11. Nul individu appelé à des fonctions publiques, temporaires ou révocables, n'est dispensé de la susdite formalité ; les individus appelés à des fonctions inamovibles pourront exercer leur droit électoral dans l'arrondissement où ils remplissent leurs fonctions.

12. Nul ne peut exercer le droit d'électeur dans deux arrondissemens électoraux.

TITRE III. — *Des listes électorales.*

13. La liste des électeurs dont le droit dérive de leurs contributions, et la liste des électeurs appelés en vertu de l'article 3, sont permanentes, sauf les radiations et inscriptions qui peuvent avoir lieu lors de la révision annuelle.

Cette révision annuelle sera faite conformément aux dispositions suivantes :

14. Du 1er au 10 juin de chaque année, et aux jours qui seront indiqués par les sous-préfets, les maires des communes composant chaque canton se réuniront à la mairie du chef-lieu, sous la présidence du maire, et procéderont à la révision de la portion des listes mentionnées à l'article précédent qui comprendra les électeurs de leur canton appelés à faire

partie de ces listes. Ils se feront assister des percepteurs du canton.

15. Dans les villes qui forment à elles seules un canton, ou qui sont partagées en plusieurs cantons, la révision des listes sera faite par le maire et les trois plus anciens membres du conseil municipal, selon l'ordre du tableau. Les maires des communes qui dépendraient de l'un de ces cantons prendront part également à cette révision sous la présidence du maire de la ville.

A Paris, les maires des douze arrondissemens, assistés des percepteurs, procéderont à la révision, sous la présidence du doyen de réception.

16. Le résultat de cette opération sera transmis au sous-préfet qui, avant le 1er juillet, l'adressera avec ses observations au préfet du département.

17. A partir du 1er juillet, le préfet procédera à la révision générale des listes.

18. Le préfet ajoutera aux listes les citoyens qu'il reconnaîtra avoir acquis les qualités requises par la loi, et ceux qui auraient été précédemment omis.

Il en retranchera :

1° Les individus décédés ;

2° Ceux dont l'inscription aura été déclarée nulle par les autorités compétentes.

Il indiquera comme devant être retranchés :

1° Ceux qui auront perdu les qualités requises ;

2° Ceux qu'il reconnaîtrait avoir été indûment inscrits, quoique leur inscription n'ait point été attaquée.

Il tiendra un registre de toutes ces décisions.

Il fera mention de leurs motifs et de toutes les pièces à l'appui.

19. Les listes de l'arrondissement électoral, ainsi rectifiées par le préfet, seront affichées le 15 août au chef-lieu de chaque canton et dans les communes dont la population sera au moins de 600 habitans. Elles seront déposées : 1° au secrétariat de la mairie de chacune de ces communes ; 2° au secrétariat de la préfecture, pour être données en communication à toutes les personnes qui le requerront.

La liste des contribuables électeurs contiendra, en regard du nom de chaque individu inscrit, la date de sa naissance et l'indication des arrondissemens de perception où sont assises se contributions propres ou déléguées, ainsi que la quotité et l'espèce des contributions pour chacun des arrondissemens.

La liste des électeurs désignés par l'article 3 contiendra, en outre, en regard du nom de chaque individu, la date et l'espèce du titre qui lui confère le droit électoral, et l'époque de son domicile réel.

Le préfet inscrira sur cette liste ceux des individus qui, n'ayant pas atteint au 15 août les conditions relatives à l'âge, au domicile et à l'inscription sur le rôle de la patente, les acquerront avant le 21 octobre, époque de la clôture de la révision annuelle.

20. S'il y a moins de cent cinquante électeurs inscrits, le préfet ajoutera, sur la liste qu'il publiera le 15 août, les citoyens payant moins de 200 francs, qui devront compléter le nombre de cent cinquante, conformément au paragraphe premier de l'article 2.

Toutes les fois que le nombre des électeurs ne s'élevera pas au-delà de cent cinquante, le préfet publiera à la suite de la liste électorale une liste supplémentaire dressée dans la même forme et contenant les noms de dix citoyens susceptibles d'être appelés à compléter le nombre de cent cinquante, par suite des changemens qui surviendraient ultérieurement dans la composition du collége, dans les cas prévus par les articles 30, 32 et 35.

21. La publication prescrite par les art. 19 et 20 tiendra lieu de notification des décisions intervenues aux individus dont l'inscription aura été ordonnée.

Les décisions provisoires du préfet, qui indiquent ceux dont le nom devrait être retranché comme ayant été indûment inscrit, ou comme ayant perdu les qualités requises, seront notifiées, dans les dix jours, à ceux qu'elles concernent, ou au domicile qu'ils sont tenus d'élire dans le département pour l'exercice de leurs droits électoraux, s'ils n'y ont pas leur domicile réel, et à défaut de domicile élu, à la mairie de leur domicile politique.

Cette notification et toutes celles qui doivent avoir lieu, aux termes de la présente loi, seront faites suivant le mode employé jusqu'à présent pour les jurés, en exécution de l'article 389 du code d'instruction criminelle.

22. Après la publication de la liste rectifiée, il ne pourra plus y être fait de changemens qu'en vertu de décisions rendues par le préfet, en conseil de préfecture, dans les formes ci-après.

23. A compter du 15 août, jour de la publication, il sera ouvert, au secrétariat général de la préfecture, un registre coté et paraphé par le préfet, sur lequel seront inscrites à la date de

leur présentation, et suivant un ordre de numéro, toutes les réclamations concernant la teneur des listes. Ces réclamations seront signées par le réclamant ou par son fondé de pouvoirs.

Le préfet donnera récépissé de chaque réclamation et des pièces à l'appui. Ce récépissé énoncera la date et le numéro de l'enregistrement.

24. Tout individu qui croirait avoir à se plaindre, soit d'avoir été indûment inscrit, omis ou rayé, soit de toute autre erreur commise à son égard dans la rédaction des listes, pourra, jusqu'au 30 septembre inclusivement, présenter sa réclamation, qui devra être accompagnée de pièces justificatives.

25. Dans le même délai, tout individu inscrit sur les listes d'un arrondissement électoral pourra réclamer l'inscription de tout citoyen qui n'y sera pas porté, quoique réunissant les conditions nécessaires; la radiation de tout individu qu'il prétendrait être indûment inscrit, ou la rectification de toute autre erreur commise dans la rédaction des listes.

Ce même droit appartiendra à tout citoyen inscrit sur la liste des jurés non électeurs de l'arrondissement.

26. Aucune des demandes énoncées en l'article précédent ne sera reçue, lorsqu'elle sera formée par des tiers, qu'autant que le réclamant y joindra la preuve qu'elle a été par lui notifiée à la partie intéressée, laquelle aura dix jours pour y répondre, à partir de celui de la notification.

27. Le préfet statuera en conseil de préfecture sur les demandes dont il est fait mention aux articles 24 et 25 ci-dessus, dans les cinq jours qui suivront leur réception, quand elles seront formées par les parties elles-mêmes ou par leur fondé de pouvoirs, et dans les cinq jours qui suivront l'expiration du délai fixé pár l'article 26, si elles sont formées par des tiers. Ses décisions seront motivées.

La communication sans déplacement des pièces respectivement produites sur les questions et contestations devra être donnée à toute partie intéressée qui la requerra.

28. Les articles 23, 24, 25, 26 et 27, ci-dessus, sont applicables à la liste supplémentaire prescrite par le dernier paragraphe de l'article 20.

29. Il sera publié, tous les quinze jours, un tableau de rectification, conformément aux décisions rendues dans cette intervalle, et présentant les indications mentionnées en l'article 19.

Aux termes de l'article 21, la publication de ce tableau de rectification tiendra lieu de notification aux individus dont l'inscription aura été ordonnée ou rectifiée.

Les décisions portant refus d'inscription, ou prononçant des radiations, seront notifiées dans les cinq jours de leur date aux individus dont l'inscription ou la radiation aura été réclamée par eux ou par des tiers.

Les décisions, rejetant les demandes en radiation ou en rectification, seront notifiées dans le même délai tant au réclamant qu'à l'individu dont l'inscription aura été contestée.

30. Le préfet, en conseil de préfecture, apportera, s'il y a lieu, à la liste électorale, en dressant les tableaux de rectification, les changemens nécessaires pour maintenir le collége au complet de cent cinquante électeurs. Il maintiendra également la liste supplémentaire au nombre de dix suppléans.

31. Le 16 octobre, le préfet procédéra à la clôture des listes. Le dernier tableau de rectifications de l'arrêté de clôture des listes des colléges électoraux du département, seront publiées et affichées le 20 du même mois.

32. La liste restera, jusqu'au 20 octobre de l'année suivante, telle qu'elle aura été arrêtée

conformément à l'article précédent, sauf néanmoins les changemens qui y seront ordonnés par des arrêts rendus dans la forme déterminée par les articles ci-après, et sauf aussi la radiation des noms des électeurs décédés ou privés des droits civils ou politiques par jugement ayant acquis force de chose jugée.

L'élection, à quelque époque de l'année qu'elle ait lieu, se fera sur ces listes.

33. Toute partie qui se croira fondée à contester une décision rendue par le préfet pourra porter son action devant la cour royale du ressort et y produire toutes pièces à l'appui.

L'exploit introductif d'instance devra, sous peine de nullité, être notifié dans les dix jours, qu'elle que soit la distance des lieux, tant au préfet qu'aux parties intéressées.

Dans le cas où la décision du préfet aurait rejeté une demande d'inscription formée par un tiers, l'action ne pourra être intentée que par l'individu dont l'inscription aurait été réclamée,

La cause sera jugée sommairement, toutes affaires cessantes, et sans qu'il soit besoin du ministère d'avoué. Les actes judiciaires auxquels elle donnera lieu seront enregistrés *gratis*. L'affaire sera rapportée en audience publique par un des membres de la cour, et l'arrêt sera prononcé après que la partie ou son défenseur et le ministère public auront été entendus.

S'il y a pourvoi en cassation, il sera procédé sommairement, et toutes affaires cessantes, comme devant la cour royale, avec la même exemption du droit d'enregistrement, sans consignation d'amende.

34. Les réclamations portées devant les préfets en conseil de préfecture, et les actions intentées devant les cours royales par suite d'une décision qui aura rayé un individu de la liste, auront un effet suspensif.

35. Le préfet, sur la notification de l'arrêt intervenu, fera sur la liste la rectification qui aura été prescrite.

Si, par suite de radiation prescrite par arrêt de la cour royale, la liste se trouve réduite à moins de cent cinquante, le préfet, en conseil de préfecture, complétera ce nombre en prenant les plus imposés de la liste supplémentaire arrêtée le 16 octobre, et seulement jusqu'à épuisement de cette liste.

36. Les percepteurs des contributions directes seront tenus de délivrer, sur papier libre, et moyennant une rétribution de 25 centimes par extrait de rôle concernant le même contribuable, à toute personne portée au rôle, l'extrait relatif

à ses contributions, et à tout individu qualifié comme il est dit à l'article 25 ci-dessus, tout certificat négatif ou tout extrait des rôles de contributions.

37. Il sera donné communication des listes annuelles et des tableaux de rectification à tous les imprimeurs qui voudront en prendre copie. Il leur sera permis de les faire imprimer sous tel format qu'il leur plaira choisir, et de les mettre en vente.

IV. DES COLLÉGES ÉLECTORAUX.

38. La chambre des députés est composée de quatre cent cinquante-neuf députés.

39. Chaque collége électoral n'élit qu'un député.

Le nombre des députés de chaque département et la division des départemens en arrondissemens électoraux sont réglés par le tableau ci-joint, faisant partie de la présente loi.

40. Les colléges électoraux sont convoqués par le roi. Ils se réunissent dans la ville de l'arrondissement électoral ou administratif que le roi désigne. Ils ne peuvent s'occuper d'autres objets que de l'élection des députés: toute discussion, toute délibération leur sont interdites.

41. Les électeurs se réunissent en une seule

assemblée dans les arrondissemens électoraux où leur nombre n'excède pas six cents.

Dans les arrondissemens où il y a plus de six cents électeurs, le collége est divisé en section; chaque section comprend trois cents électeurs au moins, et concourt directement à la nomination du député que le collége doit élire.

42. Les présidens, vice-présidens, juges et juges suppléans des tribunaux de première instance, dans l'ordre du tableau, auront la présidence provisoire des colléges électoraux, lorsque ces colléges s'assembleront dans une ville chef-lieu d'un tribunal. Lorsqu'ils s'assembleront dans une autre ville, comme dans le cas où, attendu le nombre des colléges ou des sections, celui des juges serait insuffisant, la présidence provisoire sera, à leur défaut, déférée au maire, à ses adjoints, et successivement aux conseillers municipaux de la ville où se fait l'élection, aussi dans l'ordre du tableau.

Si le collége se divise en sections, la première sera présidée provisoirement par le premier des fonctionnaires dans l'ordre du tableau, la seconde le sera par celui qui vient après, et successivement.

Si plusieurs colléges se réunissent dans la même ville, eur présidence provisoire sera déférée de la même manière et dans le même ordre que le serait celle des sections.

Si plusieurs colléges réunis dans la même ville se subdivisent en sections, la première du premier collége sera provisoirement présidée par le fonctionnaire le plus élevé ou le plus ancien dans l'ordre du tableau : la première section du second collége le sera par le deuxième ; la seconde section du premier collége par le troisième ; la seconde section du deuxième collége par le quatrième, et ainsi des autres.

Les deux électeurs les plus âgés et les deux plus jeunes, inscrits sur la liste du collége ou de la section, sont scrutateurs provisoires. Le bureau choisit le secrétaire, qui n'a que voix consultative.

43. La liste des électeurs de l'arrondissement doit rester affichée dans la salle des séances pendant le cours des opérations.

44. Le collége où la section élit, à la majorité simple, le président et le scrutateur définitif. Le bureau ainsi formé nomme un secrétaire, qui n'a que voix consultative.

45. Le président du collége ou de la section a seul la police de l'assemblée. Nulle force armée ne peut être placée, sans sa réquisition, dans la salle des séances ni aux abords du lieu où se tient

l'assemblée. Les autorités civiles et les commandans militaires sont tenus d'obéir à ses réquisitions.

Trois membres au moins du bureau seront toujours présens.

Le bureau prononce provisoirement sur les difficultés qui s'élèvent touchant les opérations du collége ou de la section. Toutes les réclamations sont insérées au procès-verbal, ainsi que les décisions motivées du bureau. Les pièces ou bulletins relatifs aux réclamations sont paraphés par les membres du bureau et annexés au procès-verbal.

La chambre des députés prononce définitivement sur les réclamations.

46. Nul ne pourra être admis à voter, soit pour la formation du bureau définitif, soit pour l'élection du député, s'il n'est inscrit sur la liste affichée dans la salle et remise au président.

Toutefois le bureau sera tenu d'admettre à voter ceux qui se présenteraient munis d'un arrêt de la cour royale, déclarant qu'ils font partie du collége, et ceux qui justifieraient être dans le cas prévu par l'article 34 de la présente loi.

47. Avant de voter pour la première fois, chaque électeur prête le serment prescrit par la loi du 31 août 1830.

48. Chaque électeur, après avoir été appelé, reçoit du président un bulletin ouvert, sur lequel il écrit ou fait écrire secrètement son vote par un électeur de son choix, sur une table disposée à cet effet et séparée du bureau.

Puis il remet son bulletin écrit et fermé au président, qui le dépose dans la boîte destinée à cet usage.

49. La table placée devant le président et les scrutateurs sera disposée de telle sorte, que les électeurs puissent circuler à l'entour pendant le dépouillement du scrutin.

50. A mesure que chaque électeur déposera son bulletin, un des scrutateurs ou le secrétaire constatera ce vote en écrivant son propre nom en regard de celui du votant, sur une liste à ce destinée, et qui contiendra les noms et qualifications de tous les membres du collége ou de la section.

Chaque scrutin reste ouvert pendant six heures au moins, et est clos à trois heures du soir, et dépouillé séance tenante.

51. Lorsque la boîte du scrutin aura été ouverte et le nombre des bulletins vérifié, un des scrutateurs prendra successivement chaque bulletin, le dépliera, le remettra au président qui en fera lecture à haute voix et le passera à

un autre scrutateur : le résultat de chaque scrutin est immédiatement rendu public.

52. Immédiatement après le dépouillement, les bulletins seront brûlés en présence du collége.

53. Dans les colléges divisés en plusieurs sections, le dépouillement du scrutin se fait dans chaque section ; le résultat en est arrêté et signé par le bureau ; il est immédiatement porté par le président de chaque section au bureau de la première section, qui fait, en présence de tous les présidens des sections, le recensement général des votes.

54. Nul n'est élu à l'un des deux premiers tours de scrutin, s'il ne réunit plus du tiers des voix de la totalité des membres qui composent le collége, et plus de la moitié des suffrages exprimés.

55. Après les deux premiers tours du scrutin, si l'élection n'est point faite, le bureau proclame les noms des deux candidats qui ont obtenu le plus de suffrages, et au troisième tour de scrutin les suffrages ne pourront être valablement donnés qu'à l'un de ces deux candidats.

La nomination a lieu à la pluralités des votes exprimés.

56. Dans tous les cas où il y aura concours par égalité de suffrages, le plus âgé obtiendra la préférence.

57. La session de chaque collége est de dix jours au plus. Il ne peut y avoir qu'une séance et un seul scrutin par jour. La séance est levée immédiatement après le dépouillement du scrutin, sauf les décisions à porter par le bureau sur les réclamations qui lui sont présentées au sujet de ce dépouillement, et sur lesquelles il sera statué séance tenante.

58. Nul électeur ne peut se présenter armé dans un collége électoral.

V. — DES ÉLIGIBLES.

59. Nul ne sera éligible à la chambre des députés, si, au jour de son élection, il n'est âgé de trente ans, et s'il ne paie 500 fr. de contributions directes, sauf le cas prévu par l'art. 33 de la Charte. Les dispositions de l'art. 7 sont applicables au cens de l'éligibilité.

60. Les délégations et attributions de contributions autorisées pour les droits électoraux par les art. 4, 5, 6, 8 et 9, le sont également pour le droit d'éligibilité.

61. La chambre des députés est seule juge des conditions d'éligibilité.

62. Lorsque des arrondissemens électoraux ont élu des députés qui n'ont pas leur domicile politique dans le département, en nombre plus grand que ne l'autorise l'art. 36 de la Charte, la chambre des députés tire au sort, entre ces arrondissemens, celui ou ceux qui doivent procéder à une réélection.

63. Le député élu par plusieurs arrondissemens électoraux sera tenu de déclarer son option à la chambre dans le mois qui suivra la déclaration de la validité des élections entre lesquelles il doit opter. A défaut d'option dans ce délai, il sera décidé, par la voie du sort, à quel arrondissement ce député appartiendra.

64. Il y a incompatibilité entre les fonctions de député et celles de préfet, sous-préfet, de receveurs généraux, de receveurs particuliers des finances et de payeurs.

Les fonctionnaires ci-dessus désignés, les officiers généraux commandant les divisions ou subdivisions militaires, les procureurs généraux près les cours royales, les procureurs du roi, les directeurs des contributions directes et indirectes, des domaines et enregistrement et des douanes dans les départemens, ne pourront être élus députés par le collége électoral d'un arrondissement compris en tout ou en partie dans le ressort de leurs fonctions.

Si, par démission ou autrement, les fonctionnaires ci-dessus quittaient leur emploi, ils ne seraient éligibles dans les départemens, arrondissemens ou ressorts dans lesquels ils ont exercé leurs fonctions, qu'après un délai de six mois à dater du jour de la cessation des fonctions.

VI. — DISPOSITIONS GÉNÉRALES.

65. En cas de vacance pour option, décès, démission ou autrement, le collége électoral qui doit pourvoir à la vacance sera réuni dans le délai de quarante jours. Ce délai sera de deux mois pour le département de la Corse.

En cas d'élection, soit générale, soit partielle, l'intervalle entre la réception de l'ordonnance de convocation du collége au chef-lieu du département et l'ouverture du collége, sera de vingt jours au moins.

66. La chambre des députés a seule le droit de recevoir la démission d'un de ses membres.

67. Les députés ne reçoivent ni traitement ni indemnité.

68. Les dispositions de la présente loi sont applicables à la révision de la liste des jurés non électeurs, établie par les articles 1er et 2 de la loi du 2 mai 1827.

69. Il sera formé, pour chaque arrondissement électoral, une liste des jurés non électeurs qui ont leur domicile réel dans cet arrondissement.

Le droit d'intervention des tiers relativement à cette liste appartient à tous les électeurs et à tous les jurés de l'arrondissement.

VII. — ARTICLES TRANSITOIRES.

70. Dans le cas où des élections, soit générales, soit partielles, auraient lieu avant le 21 octobre 1831, l'ordonnance de convocation des colléges sera publiée dans chaque arrondissement électoral au moins quinze jours avant celui qui sera fixé pour l'élection.

Dans le délai de quinze jours, à compter de la promulgation de la présente loi, l'inscription des citoyens qui auront acquis le droit électoral, soit en vertu de la législation antérieure, soit en vertu des dispositions de la présente loi, pourra être requise, soit par eux, soit par des tiers, conformément aux art. 24, 25 et 26.

Pendant cet espace de temps, le registre prescrit par l'art. 23 sera ouvert, et les réquisitions prévues par le précédent paragraphe y seront inscrites.

Après l'expiration dudit délai de quinze jours, ces réquisitions ne seront plus admises.

En cas d'élections, soit générales, soit partielles, avant le 21 octobre 1831, les contributions foncière, personnelle, mobilière et des portes et fenêtres, ne seront comptées, soit pour être électeur, soit pour être éligible, que lorsque la propriété foncière aura été possédée, ou la location faite antérieurement à la promulgation de la présente loi.

Cette disposition n'est pas applicable aux possesseurs à titre successif.

La patente ou le diplôme universitaire ne seront comptés que lorsqu'ils auront été pris un an avant la promulgation de la présente loi. Cette disposition n'est pas applicable aux citoyens qui, ayant pris une patente avant le 1er août 1830, ont été inscrits, en vertu de la loi du 12 septembre dernier, sur les listes supplémentaires formées depuis cette époque.

71. Le préfet, en conseil de préfecture, dressera d'office ou d'après les réclamations des intéressés ou des tiers, une liste additionnelle

contenant les noms des citoyens qui auront acquis le droit électoral.

Cette liste sera affichée vingt-cinq jours au plus tard après la promulgation de la présente loi.

72. Les décisions portant refus d'inscription seront signifiées aux parties par le préfet dans les cinq jours, pour tout délai, après le jour où elles auront été rendues.

73. Les réclamations qui pourront être dirigées, soit par des tiers contre les inscriptions, soit par les parties contre le refus d'inscription, seront formées, à peine de déchéance, le trente-cinquième jour au plus tard après la promulgation de la présente loi.

L'assignation sera donnée devant la cour à huitaine pour tout délai, quelle que soit la distance des lieux.

Ce délai expiré, la cour prononcera, toutes affaires cessantes. Son arrêt, s'il est par défaut, ne sera pas susceptible d'opposition.

74. Il ne sera fait de changemens à la liste additionnelle mentionnée dans l'art. 71 qu'en exécution d'arrêts rendus par les cours royales.

75. Il ne sera fait de changemens à la liste arrêtée le 16 novembre dernier, et affichée le 20 du même mois, que dans les cas prévus par l'art. 32 de la présente loi.

Il sera procédé à l'élection sur cette liste et sur la liste additionnelle prescrite par les articles précédens.

76. Tout électeur ayant son domicile dans un arrondissement qui, d'après la présente loi, se trouverait divisé en plusieurs arrondissemens électoraux, pourra opter entre ces arrondissemens, s'il paie des contributions dans l'un et dans l'autre. L'option devra être faite dans le délai de quinze jours à dater de la promulgation de la présente loi, et dans la forme déterminée par l'art. 10. A défaut d'option dans le délai ci-dessus fixé, l'électeur appartiendra à l'arrondissement électoral dans lequel sera compris le canton où il a maintenant son domicile politique. Si l'électeur ne paie de contributions que dans un des deux arrondissemens électoraux, il appartiendra a cet arrondissement, et ne pourra faire d'option.

L'électeur dont le domicile politique, au moment de la promulgation de la présente loi, serait différent de son domicile réel, aura le même délai de quinze jours pour faire son option. A défaut par lui de la faire dans ledit délai, il continuera d'appartenir à l'arrondissement électoral dans lequel il exerçait ses droits.

77. Les fonctionnaires désignés dans l'article

64, qui cesseront leurs fonctions par démission ou autrement dans le délai de quinze jours, à dater de la promulgation de la présente loi, seront éligibles dans les départemens, arrondissemens ou ressorts dans lesquels ils exercent leurs fonctions, pour les élections qui pourraient avoir lieu avant le 21 octobre 1831.

78. Si, avant qu'il n'ait été procédé à des élections générales, il y a lieu de remplacer un député élu par un collége départemental, la chambre des députés déterminera, par la voie du sort, le collége d'arrondissement qui devra procéder à l'élection.

S'il y a lieu de remplacer un député élu par le collége d'un arrondissement électoral dont la circonscription aurait été modifiée par la présente loi, la chambre des députés déterminera de la même manière celui des arrondissemens compris dans l'ancien ressort qui devra procéder au remplacement.

79. Dans le cas où des élections, soit générales, soit partielles, auraient lieu avant le 21 octobre de la présente année, les listes électorales seront dressées d'après les rôles des contributions directes pour l'année 1830, et nulles contributions autres que celles de ladite année ne seront comptées pour le cens électoral.

CHAPITRE XI.

PETIT TRAITÉ ÉLECTORAL.

S'il est nécessaire de se réunir avant l'élection.

Je me servirai d'un apologue ancien pour recommander les réunions d'électeurs. Un père infirme, prêt à descendre dans la tombe, fit appeler tous ses enfans, et apporter un faisceau de flèches. « Qui de vous, dit-il, pourra briser ce faisceau? — C'est impossible, répondirent-ils tous. » Le père détacha le lien qui les unissait; et, après avoir cassé les flèches l'une après l'autre, il ajouta : « Si vous restez unis, mes chers enfans, vous résisterez à toutes les tempêtes; si la division se met parmi vous, vous serez brisés l'un après l'autre. » Les réunions sont donc pour les électeurs le premier élément du succès. En Angleterre, aux États-Unis, partout où il y a des élections, des comités se forment publiquement. Élire, en effet, des députés, ce n'est pas obéir à l'autorité ; c'est se rapprocher, s'entendre, se dire : Voilà ce que nous pensons, ce que nous voulons, ce qu'il nous faut ; et voici l'homme qui pense et qui veut comme nous. Élire des députés, c'est employer tous les moyens justes et légaux pour porter à la Chambre ceux qui doivent représenter nos opinions et nos intérêts.

Le pouvoir a un homme d'état, à la tête d'un bureau des élections, qui s'occupe pendant toute l'année de préparer la nomination des députés : le ministère, long-temps avant la convocation des colléges électoraux, connaît les candidats qu'il doit proposer ; les présidences leur sont données. Une petite réunion d'hommes de l'agriculture, de l'industrie, des affaires et des arts, est donc absolument nécessaire pour contrebalancer l'influence du ministère : on peut y admettre quelques jeunes gens instruits dans l'étude des lois, dont l'activité saura vaincre beaucoup d'obstacles, et dont le dévouement n'est point douteux.

Une fois qu'on est convenu de se réunir, le premier soin doit être l'inscription des électeurs sur les listes officielles. Il y a partout des hommes insoucians, que presque toujours les plus simples formalités dégoûtent ; il faut agir pour ces hommes, consulter de vive voix leurs amis, s'informer auprès des notaires, des avoués qui connaissent leur fortune. Dans les villes, quelques personnes connues peuvent annoncer qu'elles se chargent de faire gratuitement toutes les démarches. Cette annonce ne peut inspirer aucune défiance, puisqu'on ne demande point à l'électeur quelle est son opinion avant de faire pour lui les démarches nécessaires.

Du choix des candidats à la députation.

Lorsqu'on s'est occupé des moyens d'avoir le plus d'électeurs qu'il est possible, il faut choisir les députés pour les arrondissemens. Point de considérations secondaires, point d'intérêts de localité qui puissent compromettre le succès de l'élection : réussir doit être l'unique but. Une fois qu'on s'est accordé sur les candidats, tous les électeurs doivent se rattacher à eux seuls, et les défendre contre les attaques officielles et privées. Les députés dont le mandat est expiré par la dissolution de la Chambre doivent être examinés avec le plus grand soin sur leur conduite, leurs opinions et leurs votes à la Chambre : les écarter s'ils ont manqué à leur mandat, est un devoir ; les réélire s'ils l'ont rempli avec intégrité et désintéressement, sera leur récompense.

Si les vœux s'arrêtent sur un candidat étranger au département, il faut rappeler soigneusement aux électeurs que la Charte autorise, par l'art. 36, à choisir la moitié de la députation parmi les hommes étrangers au département.

De la vérification des listes.

Aussitôt que les listes ont paru, examinez avec soin quel nom y est oublié, quel nom y est porté par erreur; adressez vos réclamations en temps utile au conseil de préfecture, pour l'inscription des uns, la radiation des autres; faites opérer un partage entre des cohéritiers; enregistrez des actes sous seing privé; faites venir des certificats de contributions des départemens les plus éloignés.

Arrivée des Electeurs au collége électoral.

Quelques jours avant l'ouverture du collége, assurez-vous que les électeurs se rendront à leur poste. Les électeurs de la ville offrent ordinairement à ceux de la campagne un logement;

les plus riches s'empressent de prêter leurs voitures ou leurs chevaux. La veille de l'ouverture, il faut s'informer avec soin des électeurs qui sont arrivés ; le matin même de l'ouverture, de ceux qui sont en retard, leur écrire, et même leur envoyer des exprès. Tous les électeurs doivent, autant que possible, venir la veille de la convocation, afin de convenir quels seront ceux qu'ils porteront au bureau définitif.

Ouverture du collége électoral ; bureau provisoire ; vote secret ; nomination du bureau définitif.

Rien n'est plus libre que le vote ; la loi a ordonné expressément que le vote fût secret. Le bulletin doit être écrit par l'électeur ou par l'homme de son choix ; mais personne, et surtout M. le président et les membres du bureau, n'ont le droit d'y jeter les yeux au moment où l'électeur l'écrit ; la table sur laquelle on vient écrire son bulletin doit être disposée de manière à ce que le secret du vote ne soit pas violé. Si le président avait négligé ce soin, les électeurs ont le droit de réclamer l'exécution de la loi, et d'insister avec énergie sur cette obligation que doit remplir M. le président.

Si quelques fonctionnaires publics présentaient leurs billets ouverts à M. le président, les électeurs doivent réclamer contre cette violation de la loi. L'article 48 de la loi du 19 avril 1831 dit expressément que l'électeur remet *son bulletin écrit et fermé au président.* Tout électeur qui remet son bulletin ouvert viole la loi ; tout président qui le reçoit se rend coupable de la même violation. Les électeurs ont le droit de demander que le bulletin remis ouvert soit annulé.

Aucune personne, autre que les électeurs, ne doit s'introduire dans la salle du collége. Dans un département, un sous-préfet s'était permis d'y entrer : les électeurs ont demandé et obtenu son éloignement. A Paris, un gendarme déguisé s'est trouvé dans un collége, il a été arrêté.

L'importance de la formation du bureau définitif ne peut être mise en doute : le bureau décide provisoirement de toutes les difficultés qui peuvent s'élever, et admet ou rejette les bulletins irréguliers. La formation du bureau est un essai où l'on mesure ses forces, et ce prélude est un grand avantage pour le parti qui réussit : il faut choisir pour candidats au bureau les hommes les plus dévoués et les plus éclairés, que l'estime publique entoure, et devant lesquels la haine et l'esprit de parti sont obligés de se taire.

Les bulletins qui porteront ces mots : *les mêmes*, sont nuls de plein droit ; cet avis a été même adopté par le préfet de la Seine.

On a agité la question de savoir si les électeurs devaient écrire devant le président les noms qui doivent composer le bureau définitif, ou s'ils devaient apporter une liste toute faite. La loi du 29 juin dit : *Pour procéder à l'élection des députés*, *chaque électeur*, etc. Faut-il distinguer entre l'élection des députés et la nomination du bureau ? La loi de 1820 est une dérogation à la loi de 1817, et nous croyons que les présidens suivraient le texte formel de la loi s'ils permettaient aux électeurs d'apporter écrits les bulletins pour la nomination du bureau définitif. Cependant dans tous les colléges, hors un seul, l'usage a été d'écrire sur le bureau les noms des secrétaires et des scrutateurs définitifs.

Si le président lisait seul les bulletins, les électeurs pourraient se servir, pour éviter les erreurs, d'un moyen qui a déjà été employé : chaque électeur, en descendant du bureau, dépose dans un chapeau le double de son bulletin.

Élection des députés.

Chaque séance doit s'ouvrir à huit heures; il ne peut s'en tenir qu'une par jour; le scrutin reste ouvert au moins pendant six heures. A trois heures le scrutin est clos et dépouillé séance tenante. Le résultat de chaque tour de scrutin est sur-le-champ rendu public.

Faites tous vos efforts afin que votre candidat obtienne, au premier tour, la moitié plus un des suffrages exprimés; cette moitié doit être au moins égale au tiers plus un du nombre des électeurs qui composent la totalité de la liste imprimée et affichée; évitez surtout la dispersion des voix: vous ouvrez une carrière aux intrigues, et vous perdez un temps précieux. Soyez parfaitement d'accord, s'il est possible. Si on est obligé d'employer un second ou un troisième tour de scrutin, appelé le *scrutin de ballotage*, il faut redoubler de zèle, d'activité, de persévérance: deux ou trois voix décident quelquefois; et quels reproches amers n'aurait pas à se faire un électeur qui, par sa négligence, aurait fait nommer un autre candidat que le sien. Ce qui importe le plus, c'est d'assister jusqu'à la fin du scrutin. Pendant la nuit qui précède, il faut vérifier quels sont les électeurs qui n'ont point pris part au scrutin de la veille. Des jeunes gens pleins d'ardeur et de patriotisme ont quelquefois volé de nuit, et en poste, au domicile d'un vieillard ou d'un infirme, et l'ont amené le jour suivant à la porte du collége, une heure avant la clôture du scrutin, et aux applaudissemens des citoyens assemblés.

Le scrutin de ballotage a lieu sur une liste double, et formée des noms des deux candidats qui ont obtenu le plus de voix au second tour de scrutin. Pour ce dernier scrutin, on ne peut prendre les noms hors de la double liste formée par le bureau.

Si un électeur portait l'un des noms pris hors de cette liste, ce bulletin ne serait pas vicié, quant au nom pris sur la liste, mais seulement le bureau devrait rayer le second nom pris hors la liste.

Si quelques électeurs remarquaient dans les opérations du collége une violation de la loi, il serait de leur devoir de dresser un acte qui constate le fait, et de le revêtir de leurs signatures. Il serait ensuite déposé sur le bureau, et le secrétaire serait obligé d'en faire mention dans le procès-verbal.

CHAPITRE XII.

CHARTE CONSTITUTIONNELLE DE 1830.

Art. 1er. Les Français sont égaux devant la loi, quels que soient d'ailleurs leurs titres et leurs rangs.

2. Ils contribuent indistinctement, dans la proportion de leur fortune, aux charges de l'état.

3. Ils sont tous également admissibles aux emplois civils et militaires.

4. Leur liberté individuelle est également garantie, personne ne pouvant être poursuivi ni arrêté que dans les cas prévus par la loi, et dans la forme qu'elle prescrit.

5. Chacun professe sa religion avec une égale liberté, et obtient pour son culte la même protection.

6. Les ministres de la religion catholique,

apostolique et romaine, professée par la majorité des Français, et ceux des autres cultes chrétiens reçoivent des traitemens du trésor public.

7. Les Français ont le droit de publier et de faire imprimer leurs opinions, en se conformant aux lois.

La censure ne pourra jamais être rétablie.

8. Toutes les propriétés sont inviolables, sans aucune exception de celles qu'on appelle *nationales*, la loi ne mettant aucune différence entre elles.

9. L'état peut exiger le sacrifice d'une propriété pour cause d'intérêt public légalement constaté, mais avec une indemnité préalable.

10. Toutes recherches des opinions et votes émis jusqu'à la restauration sont interdites. Le même oubli est commandé aux tribunaux et aux citoyens.

11. La conscription est abolie. Le mode de recrutement de l'armée de terre et de mer est déterminé par une loi.

FORMES DU GOUVERNEMENT DU ROI.

12. La personne du roi est inviolable et sa-

crée. Ses ministres sont responsables. Au roi seul appartient la puissance exécutive.

13. Le roi est le chef suprême de l'état; il commande les forces de terre et de mer, déclare la guerre, fait des traités de paix, d'alliance et de commerce, nomme à tous les emplois d'administration publique et fait les réglemens et ordonnances nécessaires pour l'exécution des lois, sans pouvoir jamais ni suspendre les lois elles-mêmes ni dispenser de leur exécution.

Toutefois aucune troupe étrangère ne pourra être admise au service de l'état qu'en vertu d'une loi.

14. La puissance législative s'exerce collectivement par le roi, la chambre des pairs et la chambre des députés.

15. La proposition des lois appartient au roi, à la chambre des pairs et à la chambre des députés.

Néanmoins toute loi d'impôt doit être d'abord votée par la chambre des députés.

16. Toute loi doit être discutée et votée librement par la majorité de chacune des deux chambres.

17. Si une proposition de loi a été rejetée

par l'un des trois pouvoirs, elle ne pourra être représentée dans la même session.

18. Le roi seul sanctionne et promulgue les lois.

19. La liste civile est fixée, pour toute la durée du règne, par la première législature assemblée depuis l'avénement du roi.

DE LA CHAMBRE DES PAIRS.

20. La chambre des pairs est une partie essentielle de la puissance législative.

21. Elle est convoquée par le roi en même temps que la chambre des députés des départemens. La session de l'une commence et finit en même temps que celle de l'autre.

22. Toute assemblée de la chambre des pairs qui serait tenue hors du temps de la session de la chambre des députés est illicite et nulle de plein droit, sauf le seul cas où elle est réunie comme cour de justice, et alors elle ne peut exercer que des fonctions judiciaires.

23. La nomination des pairs de France appartient au roi. Leur nombre est illimité: il peut en varier les dignités, les nommer à vie ou les rendre héréditaires selon sa volonté.

24. Les pairs ont entrée dans la chambre à l'âge de vingt-cinq ans, et voix délibérative à trente ans seulement.

25. La chambre des pairs est présidée par le chancelier de France, et, en son absence, par un pair nommé par le roi.

26. Les princes du sang sont pairs par droit de naissance; ils siégent immédiatement après le président.

27. Les séances de la chambre des pairs sont publiques comme celles de la chambre des députés.

28. La chambre des pairs connaît des crimes de haute trahison et des attentats à la sûreté de l'état, qui seront définis par les lois.

29. Aucun pair ne peut être arrêté que de l'autorité de la chambre, et jugé par elle en matière criminelle.

DE LA CHAMBRE DES DÉPUTÉS DES DÉPARTEMENS.

30. La chambre des députés sera composée des députés élus par les colléges électoraux, dont l'organisation sera déterminée par les lois.

31. Les députés sont élus pour cinq ans.

32. Aucun député ne peut être admis dans la chambre s'il n'est âgé de trente ans, et s'il ne réunit les autres conditions déterminées par la loi.

33. Si néanmoins il ne se trouvait pas dans le département cinquante personnes de l'âge indiqué, payant le cens d'éligibilité déterminé par la loi, leur nombre sera complété par les plus imposés au-dessous du taux de ce cens, et ceux-ci pourront être élus concurremment avec les premiers.

Nul n'est électeur, s'il a moins de vingt-cinq ans, et s'il ne réunit les autres conditions déterminées par la loi.

35. Les présidens des colléges électoraux sont nommés par les électeurs.

36. La moitié au moins des députés sera choisie parmi les éligibles qui ont leur domicile politique dans le département.

37. Le président de la chambre des députés est élu par elle à l'ouverture de chaque session.

38. Les séances de la chambre sont publiques; mais la demande de cinq membres suffit pour qu'elle se forme en comité secret.

39. La chambre se partage en bureaux pour discuter les projets qui lui ont été présentés de la part du roi.

40. Aucun impôt ne peut être établi ni perçu, s'il n'a été consenti par les deux chambres et sanctionné par le roi.

L'impôt foncier n'est consenti que pour un an. Les impositions indirectes peuvent l'être pour plusieurs années.

42. Le roi convoque chaque année les deux chambres : il les proroge, et peut dissoudre celle des députés des départemens; mais dans ce cas, il doit en convoquer une nouvelle dans le délai de trois mois.

43. Aucune contrainte par corps ne peut être exercée contre un membre de la chambre durant la session, et dans les six semaines qui l'auront précédée ou suivie.

44. Aucun membre de la chambre ne peut, pendant la durée des sessions, être poursuivi ni arrêté en matière criminelle, sauf le cas de flagrant délit, qu'après que la chambre a permis sa poursuite.

45. Toute pétition à l'une ou à l'autre des chambres ne peut être faite et présentée que par écrit. La loi interdit d'en apporter en personne à la barre.

DES MINISTRES.

46. Les ministres peuvent être membres de

la chambre des pairs ou de la chambre des députés. Ils ont en outre leur entrée dans l'une ou l'autre chambre et doivent être entendus quand ils le demandent.

47. La chambre des députés a le droit d'accuser les ministres et de les traduire devant la chambre des pairs, qui seule a celui de les juger.

DE L'ORDRE JUDICIAIRE.

48. Toute justice émane du roi. Elle s'administre en son nom par des juges qu'il nomme et qu'il institue.

49. Les juges nommés par le roi sont inamovibles.

50. Les cours et tribunaux ordinaires actuellement existant sont maintenus. Il n'y sera rien changé qu'en vertu d'une loi.

51. L'institution actuelle des juges de commerce est conservée.

52. La justice de paix est également conservée. Les juges de paix, quoique nommés par le roi, ne sont pas inamovibles.

53. Nul ne pourra être distrait de ses juges naturels.

54. Il ne pourra en conséquence être créé de

commissions et de tribunaux extraordinaires, à quelque titre et sous quelque dénomination que ce puisse être.

55. Les débats seront publics en matière criminelle, à moins que cette publicité ne soit dangereuse pour l'ordre et les mœurs, et, dans ce cas, le tribunal le déclare par un jugement.

56. L'institution des jurés est conservée. Les changemens qu'une plus longue expérience ferait juger nécessaires ne peuvent être effectués que par une loi.

57. La peine de la confiscation des biens est abolie, et ne pourra pas être rétablie.

58. Le roi a le droit de faire grâce, et celui de commuer les peines.

59. Le Code civil et les lois actuellement existantes qui ne sont pas contaires à la présente Charte, resteront en vigueur jusqu'à ce qu'il y soit légalement dérogé.

DROITS PARTICULIERS GARANTIS PAR L'ÉTAT.

60. Les militaires en activité de service, les officiers et soldats en retraite, les officiers et soldats pensionnés, conserveront leurs grades, honneurs et pensions.

61. La dette publique est garantie. Toute es-

pèce d'engagement pris par l'état avec ses créanciers est inviolable.

62. La noblesse ancienne reprend ses titres. La nouvelle conserve les siens. Le roi fait des nobles à volonté ; mais il ne leur accorde que des rangs et des honneurs, sans aucune exemption des charges et des devoirs de la société.

63. La Légion-d'Honneur est maintenue. Le roi déterminera les réglemens intérieurs et la décoration.

64. Les colonies sont régies par des lois particulières.

65. Le roi et ses successeurs jureront à leur avénement, en présence des chambres réunies, d'observer fidèlement la Charte constitutionnelle.

66. La présente Charte et tous les droits qu'elle consacre demeurent confiés au patriotisme et au courage des gardes nationales et de tous les citoyens français.

67. La France reprend ses couleurs. A l'avenir, il ne sera plus porté d'autre cocarde que la cocarde tricolore.

DISPOSITIONS PARTICULIÈRES.

Toutes les nominations et créations nouvelles

faites sous le règne du roi Charles X sont déclarées nulles et non avenues.

L'art. 23 de la Charte sera soumis à un nouvel examen dans la session de 1831.

La chambre des députés déclare troisièmement qu'il est nécessaire de pourvoir successivement par des lois séparées, et dans le plus court délai possible, aux objets qui suivent.

1° L'application du jury aux délits de la presse et aux délits politiques;

2° La responsabilité des ministres et des autres agens du pouvoir;

3° La réélection des députés promus à des fonctions publiques salariées;

4° Le vote annuel du contingent de l'armée;

5° L'organisation de la garde nationale, avec l'intervention des gardes nationaux dans le choix de leurs officiers;

6° Des dispositions qui assurent d'une manière légale l'état des officiers de terre et de mer;

7° Des institutions départementales et municipales fondées sur un système électif;

8° L'instruction publique et la liberté de l'enseignement;

9° L'abolition du double vote et la fixation des conditions électorales et d'éligibilité;

10. Déclarer que toutes les lois et ordonnances en ce qu'elles ont de contraire aux dispositions adoptées pour la réforme de la Charte, sont dès à présent et demeurent annulées et abrogées.

Délibéré au palais de la chambre des députés, le 7 août 1830.

Les président et secrétaires,

Laffitte, vice-président.

Jacqueminot, *Pavée de Vandeuvre*,
Cunin-Gridaine, *Jars*.

Collationné à l'original par nous président et secrétaires, *Laffitte*, *Jars*; *Jacqueminot*, *Pavée de Vandeuvre*, député de l'Aube, *Cunin-Gridaine*, deputé des Ardennes.

TABLE DES MARIÈRES.

FIN DE LA TABLE.

ERRATA.

Page 25, sur la chambre de 1830; *lisez* : chambre de 1820.

Page 75, ligne 22; et qui vendaient, *lisez* : qui se vendaient.

Page 77, dernière ligne; une distitution qui lui, *lisez* : que lui.

Page 78, première ligne; *idem*.

www.ingramcontent.com/pod-product-compliance
Ingram Content Group UK Ltd.
Pitfield, Milton Keynes, MK11 3LW, UK
UKHW020253250726
13967UKWH00004B/1646